教育不是注满一桶水,而是点燃一把火。

————威廉·叶芝(1923年诺贝尔文学奖得主)

给孩子读好书是世界未来唯一的希望。

————艾萨克·辛格(1978年诺贝尔文学奖得主)

科学是美丽的

第2版 珍藏版

新科学读本

为中国社会铸造理性根基

丛书主编 刘 兵
本册主编 刘 兵

北京大学出版社

图书在版编目(CIP)数据

科学是美丽的/刘兵主编.—2版.—北京：北京大学出版社,2012.3
(新科学读本珍藏版)
ISBN 978-7-301-20204-3

Ⅰ.①科… Ⅱ.①刘… Ⅲ.①科学知识－青年读物②科学知识－少年读物
Ⅳ.①Z228.2

中国版本图书馆 CIP 数据核字(2012)第 021984 号

书　　　名：	科学是美丽的(第 2 版)
著作责任者：	刘　兵　主编
丛 书 策 划：	周雁翎
责 任 编 辑：	陈　静
标 准 书 号：	ISBN 978-7-301-20204-3/G · 3367
出 版 发 行：	北京大学出版社
地　　　址：	北京市海淀区成府路 205 号　100871
网　　　址：	http：//www. PUP. cn　电子信箱：zyl@pup.pku.edu.cn
电　　　话：	邮购部 62752015　发行部 62750672　编辑部 62767346
	出版部 62754962
印　刷　者：	北京宏伟双华印刷有限公司
经　销　者：	新华书店
	787 毫米×1092 毫米　16 开本　11.25 印张　200 千字
	2007 年 5 月第 1 版
	2012 年 3 月第 2 版　2017 年 7 月第 8 次印刷
定　　　价：	38.00 元

未经许可,不得以任何方式复制或抄袭本书之部分或全部内容。
版权所有,侵权必究
举报电话：(010)62752024　电子信箱：fd@pup.pku.edu.cn

总 序
ZONGXU

　　教育问题是一个为全民所关心的问题。家长关心孩子的成长，孩子作为受教育者自然对当下教育存在的问题有着更深切的直接感受。教育的问题又是多方面的、极为复杂的问题，很难通过一两项具体的措施得以解决。但当我们面对现实时，又无法一时同步地解决所有相关的问题，因而一些具体改革性工作在某种程度上还是必要的。这套面向青少年的《新科学读本》，就可以说是这样的努力之一。

　　一个重要的背景，是人们对于"两种文化"之分裂的关注。

　　如果不谈更为久远的历史，至少自20世纪中叶以来，在国际背景中，教育（包括科学教育和人文教育在内）改革发展的一个重要的方向，就是努力缩小长期以来被人为地割裂开来的在科学文化与人文文化之间的鸿沟。这样的努力一直延续至今，在近年来国际上许多重要的教育改革文献中，我们都可以非常清楚地看到这种努力的具体体现。

　　在中国，近年来随着基础教育改革的深入，新课程标准的制订也在相当程度上体现出了类似的倾向，这种倾向特别体现在对于科学探究、科学的本质、科学技术与社会的关系等方面的强调，而且明确提出了科学教育对于培养学生的情感、态度、价值观方面的作用。

　　在如今这样一个科学和技术已经深深地影响了人类社会生活和思想文化的时代，作为一个理想的公民，具备适当的科学素养已是重要的前提条件之一。这里讲公民，讲科学素养，一层含义是说我们进行科学教育的目的并不只是为了培养科学家，特别是在基础教育阶段，科学教育应是一种面向全体学生的教育，从绝对数量来说，所培养的对象在其未来的发展中更大的可能是从事科学研究之外的工作。一个可以参照的标准是，《美国国家科学教育标准》将学校科学教育的目标规定为 4 项，即培养学生能够：1.由于对自然界有所了解和认识而产生充实感和兴奋感；2. 在进行个人决策之时恰当地运用科学的方法和原理；3. 理智地参与那些围绕与科学技术有关的各种问题举行的公众对话和辩论；4. 在工作中运用一个具有良好科学素养的人所应有的知识、认识和各种技能，因而能提高自己的经济生产效率。美国人认为他们设定的这些目标勾画出来的是具有高度科学素养的社会的一个大致轮廓。美国人的目标有他们的特色，但其中不乏值得我们借鉴和参考之处。

虽然中国的教育改革呼声甚高，也有了像新课标制订和新课标教材的编写使用这样一些具体的措施，包括在这些措施背后所蕴含的诸如沟通两种文化等观念的普及，但在现行的体制下，现实地讲，仅仅依靠学校教育中体制化的科学类课程教育，还是很难达到前面提到的那些目标的。因为我们虽然现在强调素质教育，但毕竟不可能在很短的时间内彻底摆脱应试教育的传统，也由于许多其他条件和因素的限制，在学校体制化的、正规教育的有限课时内，也难以容纳过多的但对于理解科学、认识科学却是十分重要的内容。

与此同时，在与学校的正规教育相对应的、传统中被称为"科普"的领域，长期以来主要的工作大多属于非正规教育的范畴。在这个领域中，从思想内容、传播理念，到具体形式和内容，近些年来也有了相当迅速的发展。其中，国内科普的发展也受到了像国外的"公众理解科学"等领域的工作的影响，受到了来自像科学哲学、科学史、科学社会学等对科学的影响。这些发展，与正规基础科学教育中的趋势是大致相同的，但又比传统的正规教育更加灵活，能够更及时地汲取来自科学人文研究前沿的一些新成果、新观念。

如果能够把更靠近传统的、正规的基础科学教育的长处，与以非学校正规教育为主的科普（或称"公众理解科学"、"科学文化传播"或干脆简称"科学传播")教育的优势相结合，显然对于学生科学素养的培养与提高是大有益处的。这也正是我们编辑这套《新科学读本》的意义之所在。

说到"新科学"的概念，其实早就有人用过。其中最有名者，莫过于哲学家维柯的经典名著《新科学》，但维柯是在将历史、语言学、哲学都包括在内的非常广义的意义上使用"科学"的概念的。我们还可以注意到，20世纪上半叶，美国著名科学史家、当代科学史学科的奠基者萨顿，曾大力地倡导一种将科学与人文结合起来的人文主义，或者用他的说法，即科学的人文主义，他也将之称为"新人文主义"。类似地，在我们这里，我们使用"新科学"来命名这套读本，也是努力将长期以来处于严重分裂状态中的科学与人文相结合，力图在介绍传统的具体科学知识的同时，将更多的与科学知识相关的人文背景、社会环境、思想文化等"外部"因素结合进来，以一种人文立场来观察和了解科学。这与前面所讲的国际潮流和国内教育改革趋势也是一致的。

近些年来，国内出版了许多有关上述内容的书籍和刊物，其中不乏精品，但由于这些精品散见在大量不同类型的书籍和报刊中，不利于普通读者在有限的时间内最有效率地阅读，而且考虑到面向在校学生（当然此套书的读者对象绝非仅限于在校学生，它的潜在读者范围应该大得多），我们从大量的书籍报刊中，选出了这套读本的内容。

在《聆听大自然的呼吸》《生命的颜色》《地球还会转多久》《科学家不能做什么》这几卷中，除了有关科学知识、科学的方法、科学家的责任、科学与非科学方面的内容外，也经常从一种相对广义的层面来理解科学，甚至包含了一部分民俗、风物、游记、科学文艺等内容。在这几卷中，博物学是一个非常突出的主题，这既是对于长期以来正在逐

渐丧失中的与数理实验传统不同的博物传统的一种恢复和强调，也更适合孩子们拓展眼界、关注自然的需要。

在《世上没有傻问题》《智慧的种子》《绝妙的错误》《科学是美丽的》这几卷中，编者强调的是，选择那些有利于让学生理解知识的创造过程，强调充满好奇心的思维，传达科学家们是如何在从事科学研究中动态地思考的文章，以避免学生在学习中产生把书本上静态的知识当做唯一的科学知识的误区，让学生能够理解何为"智慧"、何为"成功"、何为"成就"、何为"有意义的生活"。在选文上更为注重理性思考，关注科学与其他领域，特别是科学与社会的复杂关系，力图让孩子们更为整体、更为全面地理解科学。

当然，这里所注重的，并不是要求学生读懂每一句话、每一个字，并不要求学生在阅读之后"记住"多少具体知识。许多问题也不存在唯一"正确"的答案。最重要的，是让学生通过阅读去独立地思考，在独立思考的基础上形成自己对于科学的理解。

清华大学教授 刘 兵

目录 CONTENTS

一 回到故乡的狼 | 1

回到故乡的狼 / 徐　刚 | 3
"救救黑猩猩!" / [英] 古道尔 | 14
忍耐的义务 / [美] 卡　逊 | 21
哲学与荒野 / 余谋昌 | 33

二 真该早些惹怒你 | 39

科学家的生活 / [美] 贝弗里奇 | 41
小品文和盖娅理论 / [美] 托马斯 | 52
真该早些惹怒你 / [英] 佩鲁茨 | 61

三 树梢上的女科学家 | 67

公众科学家费恩曼 / [美] 约翰·格里宾
　　　　　　　　　　玛丽·格里宾 | 69
确定经度的故事 / [美] 索贝尔 | 84
如愿以偿跟随大师 / [美] 惠　勒 | 92
树梢上的女科学家 / [美] 洛　曼 | 99

四 科学是美丽的 | 107

美与天文学 / [美] 史莱因 | 109

艺术与科学 / [英] 巴 罗 | 115

音乐与数学 / [美] 罗特斯坦 | 121

五 都是"古盗鸟"惹的祸 | 141

巴尔的摩事件 / 戴吾三 | 143

都是"古盗鸟"惹的祸 / 黄艾禾 | 150

识别伪科学 / [美] 萨 根 | 154

永动机能造成吗？/ [苏] 别莱德曼 | 162

Chapter 1

一 回到故乡的狼

回到故乡的狼 / 徐　刚

"救救黑猩猩!" / [英] 古道尔

忍耐的义务　/ [美] 卡　逊

哲学与荒野 / 余谋昌

回到故乡的狼

徐 刚

1995年3月，寒风刺骨的日子里，一个新闻传遍了美国西部：在经过70年的销声匿迹之后，25只从加拿大引进的野生大灰狼走进了黄石国家公园东北部的拉马尔山谷。这一小群狼高高地翘着自己的尾巴，说不上高兴，也不表露怨恨，即便对待凯旋——这是一次延续了四分之一世纪的关于狼的争论，且不说在这之前对狼的全面剿杀了——狼看上去也是漫不经心的。它们对大雪与严寒从不陌生，在拉马尔山谷深深的积雪中先是悠闲地巡行，但目光已经变得敏锐，然后扬起四蹄消失在同样雪白的桦树林中。

> 这一辽阔的山谷雪野丛林，曾经是狼的领地。
> 　来到北美洲的第一批殖民者也是狼的最早的猎杀者，他们开垦草原、砍伐森林、采金挖煤，驱赶并猎杀群狼。对于狼来说，它的居住地总是远离温暖、繁华，而是在寒冷、贫瘠的地带，后来它无处藏身了，人与狼开始了面对面的决斗。殖民者一见狼就将它击毙，而狼也千方百计以其高度的组织性和铁一般的纪律让人心惊胆战，狼的最后的失败是因为没有枪，应了中国人说的一句话，落后了就要挨打。

殖民者有过一句名言："唯一的好狼是被打死的狼。"
只有当地的印第安人才是最后仍然尊重狼的北美洲人。正是白人无度的

印第安人

开垦、砍伐和猎杀,使这些印第安人不得不手持长矛愤而抗议:"你们太野蛮了!我们这块土地上的一切都是神圣的!"印第安人的遭遇世所共知,衣冠楚楚的殖民者一样用枪,用击毙狼的枪对准了这些善良而且与世无争的土著人。

当印第安人不得不从丛林荒原迁居的时候,有时会有狼群跟着。印第安人小心地照看那些狼,把它们带到更荒凉、更偏僻、更贫瘠的地方,远离殖民者、远离白人。后来的野生动物保护者认为,正是这些印第安人,为美国西部留下了最后的狼的种子。

文明和野蛮早已在争执了。

孰为文明孰为野蛮的错位,也早已经开始并且一错再错了。

回到拉马尔山谷的狼的这一事实,来之不易。以生物学家和环境保护主义者为一方,同以政治家和农场主为另一方的论战旷日持久达25年,有人称

美国黄石国家公园

▲ 罗马城市雕塑"母狼哺育雷娅·西尔维亚的两个孩子"。

之为"西方的狼战"。狼的最终得以回归，至少部分地肯定了狼在荒漠、草原生态系统中的地位，但还远远不是人类对狼的历史性恐惧心理的最后消失。不少人对狼的目光中，仍然怀有深深的敌意。

没有比狼的名声更加可怕的了，在长达几个世纪的时间里，它被指控犯下了它并没有犯的罪行。但，在这之前，在更遥远的历史年代中，狼曾经被人类视为朋友和兄弟，是一个部落的向导和守护神，有的则是图腾和标志。

人与狼曾经相亲相爱。

古埃及的吕科波利斯是一个省的首府，伟大哲人柏罗丁的故乡。这个城市因为崇拜狼因而是出名的狼的城市、狼城，吕科波利斯现名阿西尤特。古希腊神殿中的阿波罗圣坛，是由一只青铜铸就的狼守护的。罗马战神马尔斯·阿瑞斯将狼作为自己的标志，有时还披上狼皮使自己变成一只狼，正是他引诱圣女雷娅·西尔维亚才导致罗马的创立。罗马以后的恩怨缠结便与狼分不开了：雷娅·西尔维亚的两个孩子在台伯河的沼泽地遇难，一只母狼把兄弟俩救活并喂养他们。后来兄弟相残，哥哥罗慕洛斯在母狼喂养过他的山上建立了自己的城市，从此，罗马便将狼奉为图腾。在整个罗马世界，今天随时还都

▲ 很多小朋友都读过小红帽和狼外婆的故事。

能看到那著名的有狼图案的标记。

按照斯拉夫人的传统说法，所有的圣徒都是热爱狼及别的野生动物的，否则他们怎么去拯救人间呢？这些《圣经》上没有记载的传说，也都闪耀着宗教的光彩。比如，斯拉夫人认为，圣彼得是牧狼人，每年1月17日，他召集所有的狼，为它们分发一年的食物。圣乔治是野兽的庇护人，他总是有一群狼陪伴，告诉那些猎人：野兽是神的仆从、圣徒的朋友。

后来，一切都变了。

从西方到东方，大灰狼的凶残故事几乎是在每一个孩子牙牙学语的时候，便被灌输到心灵中了。

有一个比较普遍的人们能接受的说法是：人类早期社会向着畜牧和农业的过渡，使在同一片土地上生活、行为方式有相近之处的人狼之间结下怨仇，以致最后成为不共戴天的敌人。

这使我们看见，人在对待狼的态度的转变中，经济利益是唯一准则，狼在生态环境中所起的作用，则从未被考虑过。另外，在更广泛的意义上，人群与狼群实在不能走得太近，如果这两者之间仍然是有距离的，也许结果会好一些。但，此种距离的消失却与狼毫无关系，完全是人类所为。

在西欧，查理曼大帝为了消灭狼，制定了捕狼制度。他让属下在每个封地指定两名官员专门捉狼。这个制度曾经反复修订，直到1787年路易十六才予以废除。拿破仑一世重新确立了捕狼制度，并由皇家猎犬总管监督执行，各地的捕狼总管都是大地主。这一新确立的捕狼制度最后废除时，已经是1971年了。

灰狼

如今，西欧无狼。

东欧的狼也正面临灭绝的危险。

人们忽然想起：没有狼嚎的荒原之夜，似乎缺少了一点魅力。

狼的回归，狼的重新活跃，已经变得十分艰难而渺茫了。

美国还算是幸运的，阿拉斯加庇护了大约6000只狼，而其余的49个州只有2500只狼。就是这些仅剩的狼，处境也相当艰难，它们除了还在继续被猎杀外，有的在严寒的冰雪中冻饿而死。

世界上更多的目光投向了加拿大北部荒野，那里有地球上最大的狼群，而且是在适合它们的环境中健康生活的狼群。加拿大人对狼的宽容赢得了世人的赞许，也只有加拿大人才可以自豪地说：我们有6万只狼。这6万只奔突于北部荒野的狼，现在是让狼重回故里的主力军。

在美国亚利桑那州菲尼克斯市外饲养了90只狼的戴维·马丁说："对于狼，你要么爱它，要么恨它，中间立场是不存在的。"马丁还告诉来访者："我们的童年是伴随着

▼ 黄石国家公园里的鹿

大灰狼的故事度过的,后来又出现了关于狼人的书,将狼描绘成嗜血成性的恶毒而贪婪的野兽,这种偏见已经使狼蒙受了好几个世纪的坏名声。"

马丁对狼的态度的转变是从 20 世纪 60 年代末开始的。当时,他奉命去消灭一群偷袭鸡场的狼,并追踪到狼的洞穴,用猎枪朝洞内射击。当他拖出死狼时,发现有一只小狼崽还活着,他便收养了这只狼崽。马丁回忆说:"无论我走到哪里,它就跟到哪里,当我发现这种动物是那么聪明灵敏时,便完全赞同保护它们的主张了。"

"每一个凝视过狼的琥珀式双眼的人,都会感觉到狼的聪明和好奇。"
——联合国生态问题顾问唐·欣里克森说。

美国亚利桑那州的一张宣传招贴称:"即使是一只不声不响的狼,看起来也要比一条机灵的狗聪明。"这句话招来了一片抗议之声。众所周知,在西方,狗是宠物之最。无论在纽约还是巴黎,你都能看见各种各样的狗:穿衣服的狗、戴项链的狗、抱在怀中的狗、与人亲吻的狗……人类对

▼ 狼在生态系统中具有重要的作用。

▲ 黄石国家公园里的野牛

狗的溺爱和对狼的残暴，说明了人是如此的喜欢驯服，又是如此的仇视野性。

让狼返回故乡的路还很长。

实际上，一百多年前那些大灰狼的先祖们的居住地大都已经荡然无存了，况且人类对环境的破坏仍在继续之中。狼，作为一个强大的、高度组织的野生动物的群体，在丧失了它们的极大部分领地以及被人类追杀几百年后，如今已不堪一击。美国人和别的准备效法的人们所作的努力，或许能使这一种群苟延残喘的时间稍长一些。最新消息说，加拿大的大灰狼已经在美国蒙大拿州北部找到了新的栖身之所，有几只甚至冒险进入了怀俄明州。现在，美国的野生动物保护者除了跟踪这些回乡的狼以外，还在为它们祈祷早日在西部繁殖起来。

中国的狼呢？

中国肯定还有狼。

但，荒野草原上成群的狼，东北寒冷地带出没无常、踏雪无声的大队的狼已经看不见了。

你可以想象：有的中国人连仅剩的几只东北虎都要猎杀，狼就更不在话下了。

一个大西北的皓月之夜，祁连山下，一位在东北的深山密林中长大的朋友告诉我：

没有狼，真孤单。

我的朋友说："寒冷的夜里那一声狼嚎，能叫人兴奋和激动不已！"他说他从小就跟父亲学会了狼嚎，他们一家和一个小村子与所有的野生动物和平相处。狼也来偷鸡，那是它饿急了，不偷吃就得丢命，狼不像人那样，因为贪婪，为了财富的积累而永无休止永不满足地损害万类万物。冰封雪冻的寒夜太寂寞了，有点想狼了，便仰天一声长啸，很快会引发出一阵狼的共鸣的嚎叫，这一夜，人们会睡得很踏实。

他说，他的故乡林子也稀疏了，狼也绝迹了。

他说，前一年返乡时还在夜里的冰雪地上作过"狼嚎"，可是四下无声，一片死寂。他说他哭了，为狼哭，为人哭。

人类在征服地球上所有的生态场所之后，一方面正在享受为所欲为的功绩，另一方面也正在为此而受到报复。那是因为人不像肉食动物只能吃到几种有限的肉，人可以饲养爱吃的"肉"并且快速喂肥。人还要吃野味，从猴脑、鹿茸到海狗鞭，饮蛇血，吃熊胆……然后人们又生出各种各样的怪病，大家都喊叫着孤独。

野性灭绝之日，还会有人性吗？

中国的狼，你在哪里？

选自《守望家园》，湖南科学技术出版社1997年版。

狼，在你原来的印象中是什么样的动物？人与狼也能和谐相处吗？中国环保作家徐刚的这篇作品，可以让你重新认识这一问题。这同样是关于人与野生动物及人与自然之间的关系的话题。以狼这种在传统中经常被认为是人类的敌对者的动物为对象进行讨论，使得这一话题更加引人，也更加具有一种震撼力。你认为人与狼应该如何相处呢？

▼ 黄石国家公园

"救救黑猩猩！"

［英］古道尔

……箭头正刺中芙洛的胸部。年老的母黑猩猩生命垂危，只见她用手拽住枝条，以保持平衡。小家伙弗林特高声叫着，紧紧地贴在母亲身上，鲜血淌满了他的脸。我站着，动不了也喊不出声。芙洛迟钝地用手掩住伤口，惶惑地凝视着淋漓的鲜血。然后就这样渐渐转入危急并倒下了。弗林特仍然紧贴在母亲怀里，带着沉闷的响声同她一起落到地上。不祥的阴影笼罩着芙洛。人的手捉住了又咬又抓、高声叫喊着的弗林特，费力地将他从母亲身上拽开，塞进一只张开黑洞洞大口的袋子，并将袋口紧紧缚结。

我终于醒过来了，浑身都是冷汗。这个梦多么可怕，又是多么活生生地萦绕在脑际，使我久久不能入睡。是的，这是一个梦，但是，这样一种惨剧，

一幕又一幕正在西非和中非的各地重演。在许多地区，黑猩猩的肉一直认为是名贵的佳肴。此外，对黑猩猩幼仔的需求与日俱增——欧洲和美国的医学生物实验室，需要愈来愈大量的黑猩猩幼仔，以供科学实验。而为了猎取幼仔，只有一个办法——击毙它的母亲。有多少负伤的母黑猩猩摆脱追踪而潜入了茂密的丛林？在那里，她们过不了几天就死去了，而她们的丧母的孤儿，实际上也不免一死。有多少幼仔，在栏养的头几天就因恐惧和绝望而死亡？我计算

过，在西方国家平均每养成一只活的，就得死去六只。

在黑猩猩身上，还笼罩着另一种不祥的阴影：耕地的扩展，缩小了动物天然活动的范围，威胁着它们的生存。非洲丛林遭到砍伐，果树被消灭，而代之以培育建筑用材林。凡是新建居民点接近黑猩猩栖息地的，都产生了传播流行病的危险性，因为黑猩猩也能患上人所患的所有传染病。

幸而，不少人已经理解黑猩猩所面临的威胁。进步的赞比亚和坦桑尼亚的政府，将大批黑猩猩保护了起来。而新近成立的国际自然保护协会，把黑猩猩归入处于危险之中急需保护的动物之列，开始研究在栏养条件下繁殖黑猩猩，以便满足实验动物的需要，并停止捕捉野生的黑猩猩。当然，黑猩猩只是濒于绝灭的许多种动物之一，但是不应忘记，它是我们最近的亲属。如果说，当我们子孙长大时，黑猩猩仅仅保存于实验室和动物园里，那就太遗

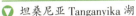
坦桑尼亚 Tanganyika 湖

憾了。毕竟，在栏养条件下的这种动物，就不再是我们在非洲丛林中有幸看到的那种雄伟有力的创造性的整体了。

在世界各地的许多动物园里，黑猩猩的生活条件是大为改善了：它们尽可能成群地被安置在宽敞的场地里。但是还有不少这样的动物园，动物和早先一样，被关在狱舍似的狭窄、有栏栅的兽栏里。我永远忘不了在某个动物园里看到两只黑猩猩的情景。这时正值盛夏，两只黑猩猩——一只公的，一只母的——由于炎热而有气无力，呆在很小的兽栏里。这个兽栏分为内外两间，中间有铁门隔开。黑猩猩呆在外间，铁门关得密不通风。烈日无情地炙烤着，混凝土被晒得烫极了，甚至连碰也碰不得。猿猴有气无力地直接躺在混凝土地板上，因为没有别处可以躲避炎热的日光。代替供黑猩猩栖息的树枝，在紧挨天花板的地方钉了一根小木条，这根木条能坐上一只就挺不错了；所以，这个位置照例是公黑猩猩长占着。每天清早和迟暮两次喂食，水少得可怜，因为一般上午十点不到就停止供给了。

看着这些不幸的动物，我自己问自己，它们难道还会记得那柔软的青草和多汁的绿枝，掠过树顶上方的喧闹的风声，以及黑猩猩在森林中漫游和枝条上攀爬时所能享受到的一切吗？现在，吃食是它们唯一的慰藉。可是，也

很难设想，习惯于在一天中任何时刻吃东西的动物，怎能忍受早晚两次进食之间如此长久的间隔？！它们再也尝不到美味多汁的白蚁，再也吃不到刚刚打死的猎物；再也不能在凉爽的树叶丛中，带着满意的呜噜声去吞食充满浆液的鲜果了！吃和睡，除此以外什么事也没有。最后，这两只可怜虫连一分钟也不能彼此解脱：公黑猩猩不能与其他公黑猩猩做伴，而母黑猩猩也摆脱不了强加于她的组合。

这些黑猩猩使我想起了囚犯，他们多年陷入囹圄，失去了最后一丝被解救的希望。甚至在那些条件大为改善的动物园里（有宽敞的住所并成群生活），

珍妮·古道尔

黑猩猩的行为，也和我们在贡贝河流域所看到的大不相同。在那些通过栏栅注视着你的黑猩猩的身上，再也找不到它们野生伙伴所具有的那种庄严的沉静，平和的目光以及鲜明的个性了。栏养中的黑猩猩，表现出一些特别的行为：在兽栏中来回走着，抬起手来挥动着，而且总是朝向外边；或者在兽栏的狭窄空间里跳动，然后跑近栏栅，抓住铁条（一般都是抓着同一个地方，经常是抓门），并开始拽，一再地采用同样的方法和同样的节奏。这就是保留下来的威吓性行为的全部表现了，而在野生黑猩猩身上，我们可以看到的要比这多上好些倍。

大多数人仅在实验室和动物园里见过黑猩猩。这就是说，即使那些就工作性质来说与黑猩猩经常打交道的人们——动物园的工作人员或科学工作者——实质上也并不了解这些动物真正是什么样子的。很可能，正是由于这个缘故，在很多科学实验室里，黑猩猩的生活条件安排得不好：动物一只一只地被分别关在狭窄的混凝土兽栏里，整天地消磨着时光，等待进行新的、常常是极端痛苦的试验。

请读者正确地理解我的意思,我绝不是主张不要将黑猩猩当做实验动物使用。新近的生理学和生物化学的研究表明,从染色体的数目和结构、血液蛋白、免疫反应、脱氧核糖核酸以及遗传物质等等来看,黑猩猩在生物学上与人相似的程度,就像与大猩猩之间的相似性一样。正是由于这个缘故,当出于某些考虑不宜将人作为研究对象时,黑猩猩便是唯一能用来代替人的动物。库鲁(ku-ru)是一种在新几内亚传播的、可怕的神经—肌肉性疾患,长期以来这种病对医生来说是个谜,使大量患者深受其害。利用黑猩猩研究,

珍妮·古道尔

科学是美丽的

终于确定了病毒的特性，并找到了有效的治疗方法。根据黑猩猩和人在脑髓解剖学上的相似性，学者们企图利用黑猩猩来探索精神错乱的奥秘。黑猩猩是研究疾病的实验模型，能推进科学与人类最严重的病症展开的斗争。

所以，对于将黑猩猩用做实验动物的必要性，谁也不会产生怀疑。问题是我们必须认真考虑，如何改善黑猩猩在栏栅中的生活条件。如果我们要让这种类人猿起到像海豚那样的作用，那么我们至少也应为它们安排过得去的生活条件。既然黑猩猩能帮助我们解决一系列复杂的课题，诸如器官移植，治疗麻醉剂中毒，药物对机体的长期影响以及征服宇宙等等，那么，就必须明白，这些动物也需要我们的帮助：给以宽敞明亮的居处，可口、佳美的食物，以及它们所喜爱的物件。同样重要的是，让黑猩猩保持与同类的交际，因此在一个宽敞的居住场所，应尽可能有几只黑猩猩共居。有时候，我和雨果这样想，为了改善实验室里黑猩猩的生活条件，只有一个办法，那就是把所有那些负责管理黑猩猩生活的人，都请到贡贝河流域来，让他们看看黑猩猩在大自然中究竟是如何生活着的。

阅读提示

选自《黑猩猩在召唤》，刘后一、张锋译，科学出版社1980年版。

在科学家的分工中，一些科学家的研究工作是直接与对自然的保护联系在一起的。英国女科学家古道尔就是这样一位科学家。她长年在非洲对黑猩猩进行深入的研究，后来，又致力于环境和动物保护的宣传普及。在这篇文章中，作者谈的就是对黑猩猩的保护问题，同时，还涉及像利用动物进行科学实验等与科学伦理学有关的问题。对于保护野生动物，一般说来是不会有什么异议的，但是，对于像与实验动物的利用的合理性有关的伦理问题，同学们又是怎样想的呢？

忍耐的义务

[美] 卡 逊

地球上生命的历史一直是生物及其周围环境相互作用的历史。可以说在很大程度上，地球上植物和动物的自然形态和习性都是由环境塑造成的。就地球时间的整个阶段而言，生命改造环境的反作用实际上一直是相对微小的。仅仅在出现了生命新种——人类之后，生命才具有了改造其周围大自然的异常能力。

在过去的四分之一世纪里，这种力量不仅在数量上增长到产生骚扰的程度，而且发生了质的变化。在人对环境的所有袭击中最令人震惊的是空气、土地、河流以及大海受到了危险的、甚至致命物质的污染。这种污染在很大程度上是难以恢复的，它不仅进入了生命赖以生存的世界，而且也进入了生物组织内。这一邪恶的环链在很大程度上是无法逆转的。在当前这种环境的普遍污染中，在改变大自然及其生命本性的过程中，化学药品起着有害的作用，它们至少可以与放射性危害相提并论。在核爆炸中释放出的锶90，会随着雨水和飘尘争先恐后地降落到地面，停驻在土壤里，然后进入在其上生长的草、谷物或小麦里，并不断进入到人类的骨头里，它将一直保留在那儿，直到完全衰亡。同样地，被撒向农田、森林和菜园里的化学药品也长期地存在于土壤里，然后

卡逊

进入生物的组织中,并在一个引起中毒和死亡的环链中不断传递迁移。有时它们随着地下水流神秘地转移,等到它们再度显现出来时,它们会在空气和阳光的作用下结合成为新的形式。这种新物质可以杀伤植物和家畜,使那些曾经长期饮用井水的人们受到不知不觉的伤害。正如阿伯特·济慈所说"人们恰恰很难辨认自己创造出的魔鬼。"

为了产生现在居住于地球上的生命已用去了千百万年,在这个时间里,不断发展、进化和演变着的生命与其周围环境达到了一个协调和平衡的状态。在有着严格构成和支配生命的环境中,包含着对生命有害和有益的元素。一些岩石放射出危险的射线,甚至在所有生命从中获取能量的太阳光中也包含着具有伤害能力的短波射线。生命要调整它原有的平衡所需要的时间不是以年计而是以千年计。时间是根本的因素,但是现今的世界变化之快让生命来不及调整。

新情况产生的速度和变化之快已反映出人们激烈而轻率的步伐胜过了大自然的从容步态。放射性远在地球上还没有任何生命以前就已经存在于岩石放射性本底、宇宙射线爆炸和太阳紫外线中了;现在的放射性是人们干预原子时的人工创造。生命在本身调整中所遭遇的化学物质再也远远不仅是从岩石里冲刷出来的和由江河带到大海去的钙、硅、铜以及其他的无机物了,它们是人们发达的头脑在实验室里所创造的人工合成物,而这些东西在自然界是没有对应物的。

在大自然的尺度来看,去适应这些化学物质是需要漫长时间的;它不仅需要一个人的终生,而且需要许多代。即使借助某些奇迹使这种调整成为可能也是无济于事的,因为新的化学物质像涓涓细流不断地从我们的实验室里涌出,单是在美国,每一年几乎有500种化学合成物付诸应用。这些数字令人震惊,并且其未来含义也难以预测。想象一下——人和动物的身体每年都要千方百计地去适应500种这样的化学物质,而这些化学物质完全都是生物未曾经验过的。

这些化学物质中,有许多曾应用于人对自然的战争中,从19世纪40年代中期以来,200多种基本的化学物品被创造出来用于杀死昆虫、野草、啮齿动物和其他一些用现代俗语称之为"害虫"的生物。这些化学物品是以几千种不同的商品名称出售的。

这些喷雾器、药粉和喷洒药水现在几乎已普遍地被农场、果园、森林和家庭所采用,这些没有选择性的化学药品具有杀死每一种"好的"和"坏的"昆虫的力量。它们使得鸟儿的歌唱和鱼儿在河水里的欢跃静息下来,使树叶披上一层致命的薄膜,并长期滞留在土壤里——造成这一切的本来的目的可能仅仅是为了少数杂草和昆虫。谁能相信在地球表面上撒放有毒的烟雾弹怎么可能不给所有生命带来危害呢?它们不应该叫作"杀虫剂",而应称为"杀生剂"。

使用药品的整个过程看来好像是一个没有尽头的螺旋形的上升运动。自从DDT可以被公众应用以来,随着更多的有毒物质的不断发明,一种不断升级的过程就开始了。这是由于根据达尔文适者生存原理这一伟大发现,昆虫可以向高级进化从而获得对

水污染导致鱼类死亡。

▼ 空气污染

某种杀虫剂的抗药性，此后，人们不得不再发明一种致死的药品，昆虫再适应，于是再发明一种新的更毒的药。这种情况的发生同样也是由于后面所描述的这一原因，害虫常常进行"报复"，或者再度复活，经过喷洒药粉后，数目反而比以前更多。这样，化学药品之战永远也不会取胜，而所有的生命在这场强大的交叉火力中都被射中。

与人类被核战争所毁灭的可能性同时存在的还有一个中心问题，那就是人类整个环境已由难以置信的潜伏的有害物质所污染。这些有害物质积蓄在植物和动物的组织里，甚至进入到生殖细胞里，以至于破坏或者改变了决定未来形态的遗传物质。

一些自称为我们人类未来的设计师们，曾兴奋地预期总有一天能随心设计改变人类细胞原生质。但是现在我们出于疏忽大意就可以轻易做到这一点，因为许多化学药物，如放射性一样可以导致基因的变化。诸如选择一种杀虫药这样一些表面看来微不足道的小事竟能决定了人们的未来。想想这一点，真是对人类极大的讽刺。

这一切都冒险做过了——为的是什么呢？将来的历史学家可能为我们在

权衡利弊时所表现的低下判断力而感到无比惊奇。有理性的人们想方设法控制一些不想要的物种，怎么能用这样的方法既污染了整个环境又对自己造成疾病和死亡的威胁呢？然而，这正是我们所做过的。此外，我们之所以这样做，是因为我们检查出原因也没有用。我们听说杀虫剂的广泛大量使用对维持农场生产是需要的，然而我们真正的问题不正是"生产过剩"吗？我们的农场不再考虑改变亩产量的措施，并且付给农夫钱而不让他们去生产，因为我们的农场生产出这样令人目眩的谷物过剩，使得美国的纳税人在1962年一年中付出了比10亿美元还多的钱作为整个过剩粮食仓库的维修费用。当农业部的一个部门试图减少产量时，另一个部门却在1958年宣布："通常可以相信，在农业银行的规定下，谷物亩数的减少将刺激对化学品的使用，农业以求在现有耕地上取得最高的产量。"若是这样，对我们所担忧的情况又有何补益呢？

这一切并不是说就没有害虫问题和没有控制的必要了。我是在说，控制工作一定要立足于现实，而不是立足于神话般的设想，并且使用的方法绝不是将我们随着昆虫一同毁掉。

试图解决某个问题但随之而带来一系列灾难，这是我们文明生活方式的伴随物。在人类出现很久以前，昆虫居住于地球——这是一群非常多种多样而又和谐的生物。在人类出现以后的这段时间里，50多万种昆虫中的一小部分以两种主要的方式与人类的福利发生了冲突：一是与人类争夺食物，一是成为人类疾病的传播者。

传播疾病的昆虫在人们居住拥挤的地方变成一个重要问题，特别是在卫生状况差的情况下，像在自然灾害期间，或者是遇到战争，或者是在非常贫困和遭受损失的情况下，于是对一些昆虫进行控制就变得非常必要。这是一个我们不久将要看到的严肃事实。大量的化学药

物的控制方法仅仅取得了有限的胜利,但它却给企图要改善的状况带来了更大威胁。

在农业的原始时期,农夫很少遇到昆虫问题。这些问题的发生是随着农业的发展而产生的——在大面积土地上仅种一种谷物,这样的种植方法为某些昆虫数量的猛烈增加提供了有利条件。单一的农作物的耕种并不符合自然发展规律,这种农业是工程师想象中的农业。大自然赋予大地景色以多种多样性,然而人们却热心于简化它。这样人们毁掉了自然界的格局和平衡,原来自然界有了这种格局和平衡才能保有自己的生物品种。一个重要的自然格局是对每一种类生物的栖息地的适宜面积的限制。很明显,一种食麦昆虫在专种麦子的农田里比在麦子和这种昆虫所不适应的其他谷物掺杂混种的农田里繁殖起来要快得多。

同样的事情也发生于其他情况下。在一代或更久以前,美国的大城镇的街道两旁排列着高大的榆树。而现在,他们满怀希望所建设起的美丽景色受到了完全毁灭的威胁,因为一种由甲虫带来的疾病扫荡了榆树,如果掺杂混种使榆树与其他树种共存,那么甲虫繁殖和蔓延的可能性必然受到限制。

现代昆虫问题中的另一个因素是必须对地质历史和人类历史的背景进行考察:数千种不同种类的生物从它们原来生长的地方向新的区域蔓延入侵。英国的生态学家查理·爱登在他最近的著作《入侵生态学》一书中对这个世界性的迁徙进行了研究和生动的描述。在几百万年以前的白垩纪时期,泛滥的大海切断了许多大陆之间的陆桥,使生物发现它们自己已被限制在如同爱登所说的"巨大的、隔离的自然保留地"中。在那儿它们与同类的其他伙伴隔绝,它们发展出许多新的种属。大约在 1 500 万年以前,当这些陆块被重新连通的时候,这些物种开始迁移到新的地区——这个运动现在仍在进行中,而且正在得到人们的大力帮助。

▲ 被洒向农田、菜地和森林的化学药品也将长期地存在于土壤里,然后进入生物的组织中,并在一个引起中毒和死亡的环链中不断传递迁移。

植物的进口是当代昆虫种类传播的主要原因，因为动物几乎是永恒地随同植物一同迁移的，检疫只是一个比较新的但不完全有效的措施。单美国植物引进局就从世界各地引入了几乎20万种植物。在美国将近90种植物的昆虫敌人是意外地从国外进口带过来的，而且大部分就仿佛徒步旅行时常搭乘别人汽车的人一样乘植物而来。

在其故乡数目不断下降的植物或动物，在新的地区中，由于逃离了其天敌对它的控制而可能蓬勃发展起来。因此，我们最讨厌的昆虫是传入的种类，这不是偶然的。

这些入侵，不管是天然发生的，还是仰仗人类帮忙而发生的，都好像是在无休止地进行。检疫和巨大的化学药物行动仅仅是买取时间的非常昂贵的方法。我们面临的情况，正如爱登博士所说的："为了生和死，不仅仅需要寻找镇压这种植物或那种动物的技术方法；代之的是，我们需要关于动物繁殖和它们与其周围环境关系的基本知识，这样做将可以促使建立稳定的平衡，并且封锁住虫灾爆发的力量和新的入侵。"

许多必需的知识现在是可以应用的，但是我们并未应用。我们在大学里

▼ 喷洒杀虫剂

▲ 化学药品通过食物链在生物体内不断聚集,浓度越来越高。

培养生态学家,甚至在我们政府的机关里雇用他们,但是,我们很少听取他们的建议。我们任致死的化学药剂像下雨似的喷洒,仿佛别无他法,事实上,倒有许多办法可行,只要提供机会,我们的才智可以很快发现更多的办法。

我们是否已陷入一个迫使我们接受恶劣、悲惨、有害的命运而失去意志和判断能力的迷惘之中?这种想法,如生态学家保罗·什帕特所说:"难道只要生活在环境恶化的允许限度之上一点点以摆脱困境就是我们的理想吗?为什么我们要容忍带毒的食物?为什么我们要容忍一个家庭建在枯燥的环境中?为什么我们要容忍与不完全是我们敌人的东西去打仗?为什么我们一面怀着对防止精神错乱的关心,而一面又容忍马达的噪音?谁愿意生活在一个仅仅不是十分悲惨的世界上呢?"

但是,一个这样的世界正在向我们逼近。建立一个化学消毒、无虫害的世界的十字军运动看来已在许多专家和大部分所谓虫害管理部门焕发起巨大的热情。在每一方面来看,存在着证据说明那些正从事喷洒药物的工作显示出一种残忍的力量。康涅狄格州的昆虫学家尼勒·特诺说过:"制定法规的昆虫学家们的职务好像是起诉人、法官、陪审、估税员、收款员和州长实施自己发布的命令。"对农药最恶劣的滥用不管在州还是在联邦的政府部门内都在毫无阻拦地进行。

▲ 杀虫剂使鸟类受到极大威胁。

我的意见并不是化学杀虫剂根本不能使用。我所争论的是我们把有毒的和对生物有效力的化学药品不加区分地、大量地、完全地交到人们手中,而对它潜在的危害却全然不知。我们促使大量的人去和这些毒物接触,而没有征得他们的同意甚至经常不使他们知道。如果说民权条例没有提到一个公民有权保证免受由私人或公共机关散播致死毒药的危险的话,那确实只是因为我们的先辈由于受限于他们的智慧和预见能力而无法想象到这类问题。

我要进一步强调的是:我们已经允许这些化学药物使用,然而却很少或完全没有对它们在土壤、水、野生生物和人类自己身上的效果进行调查。我们的后代未必乐意宽恕我们在精心保护负担着全部生命的自然界的完美方面所表现的过失。

对自然界所受威胁的了解至今仍很有限。现在是这样一个专家的时代,这些专家们只眼盯着他自己的问题,而不清楚套着这个小问题的大问题是否褊狭。现在又是一个工业统治的时代,在工业中,不惜代价去赚钱的权利难得受到谴责。当公众由于面临着一些应用杀虫剂造成的有害后果的明显证据而提出抗议时,一半真情的小小镇定丸就会使人满足。我们急需结束这些伪善的保证和包在令人厌恶的事实外面的糖外衣。被要求去承担由除虫者所造成的危险的是民众。民众应该决定究竟是希望在现在的道路上继续下下去呢,还是等拥有足够的事实后再去行动。金·路斯坦德说:"忍耐的义务给我们知道的权利。"

▲ 我们餐桌上的蔬菜水果都可能已经受到农药化肥的污染。

▲ 卡逊故居

 阅读提示

  选自《寂静的春天》，吕瑞兰等译，吉林人民出版社1997年版。

  随着科学技术的发展，人们影响自然的能力越来越大，以至于"征服自然"一度成为人们欣赏的口号。但正是在这种不正确的观念的指导下，对于科学和技术的成果的不恰当的利用也带来了严重的生态环境问题。1962年，美国女性海洋学家卡逊出版了《寂静的春天》这本影响巨大的著作，以对人们滥用杀虫剂带来的生态环境问题的分析，引发了当代的生态环境保护运动。这篇文章选自该名著的第二章，即使只是一个片断，人们也还是可以从其论述中体会到这部环境保护经典之作的重要意义。

哲学与荒野

余谋昌

1986年，美国著名哲学家罗尔斯顿出版了《哲学走向荒野》一书。它论证了自然界的价值，特别是荒野的价值，提出了现代生态伦理学的基本理论，被评价为生态学领域的划时代文献之一。大家知道，西方现代哲学认为，只有人具有价值，自然界没有价值，哲学并不关心自然界，更不关心荒野。现在提出"哲学走向荒野"，是新时代哲学进步的一个表现。

荒野的价值，是土地道德的一个重要问题。因此我们关于土地道德的讨论从这里开始。

莱奥波尔德在他开创生态伦理学的著作《沙乡的沉思》结论部分，有专门一节"荒野"。他论证了作为"土地共同体"一部分的"荒野"的价值。一开头他就说："荒野是人类从中锤炼出那种被称为文明成品的原材料"。人类"为娱乐而用荒野"，"为科学而用荒野"，"为野生动物而用荒野"，人类在

荒野的基础上创造文化。但是，荒野是一种只会减少而不能增加的资源，要创造新的荒野是不可能的。因而他说："在人类历史上，前所未有的两种危险正在逼近。一个是，在地球上，更多的适于居住的地区的荒野已经消失。另一个是，由现代交通和工业化而产生的世界范围性的文化上的混杂。"因此他认为，我们需要"像保存博物馆的珍品一样"保护荒野。

但是，为此我们需要对荒野的价值有深刻的了解。

人类从荒野中走出来，用荒野提供的材料构筑自己的文明，把荒野变成城市、乡村、农田、果园、牧场、渔场、道路、飞机场，等等。人类被认为是伟大的拓荒者。但是，长期以来，人们认为荒野是没有价值的，人类大举向荒野进军，大有消灭荒野之势，荒野消失已经成为全球性现象。

在现代文化中，莱奥波尔德是第一个站出来说荒野有价值，需要保护荒野的人。在《像山那样思考》一文中，他说，狼的"一声深沉、骄傲的嗥叫，从一个山崖回响到另一个山崖，荡漾在山谷中，渐渐地消失在漆黑的夜色里。这是一种不驯服的、对抗性的悲哀，和对世界上一切苦难的蔑视情感的迸

发"。虽然人们听到了这声深沉的嗥叫,但是并没有辨别或理解它隐藏着的更加深刻的含义。我们需要"像山那样地思考",因为只有山长久地存在着,它"知道"狼的嗥叫的深刻含义;而且,当人消灭荒野时,每一种活着的东西都会留意和辨别狼的一声嗥叫的含义。

▲ 湿地

例如湿地荒野,这是生物物种非常丰富的地方,有无数的珍禽、鱼类、野兽在这里繁衍生息。如果人们排干湿地种庄稼,破坏它们安身立命之地,那么它们是非常在意的,就像狼发出深沉的嗥叫表示"抗议"那样。其实,湿地不仅是野生动物的天堂,养育着无数的生物物种;而且它也是人类的福地,它为人类提供不尽的财富和服务。如芦苇、药材、各种野生动物和植物,以及游览和娱乐的活动场所等;它也是调节和保护生态平衡的重要因素。因为它容纳大量水分,作为大自然贮水库,既为许多江河提供水源,又可以防洪,减缓洪水的冲击,并起调节气候的作用;而且,它消纳人类活动产生的许多祸害,如作为天然的过滤器,可以净化受到污染的水和空气。

虽然,人类发展自己的文明,必然要侵占荒野,减少荒野。而且,荒野变文明,这是世界进步,是不可抗拒的。但是,我们必须十分清醒,必须时时牢记,荒野是"千金难买的福地"。它不仅养育着无数的生物物种;而且,它对人类也是有重大价值的。除了上面

▲ 雨林

说到过的，它提供大量的、种类繁多的物产，具有经济价值以外，还有许多不是作为商品的价值，例如：（1）荒野激发人的历史意识，提醒我们民族的起源以及我们的文化或文明成就的起源，明白我们是来自何处的；（2）荒野提醒人们注意，人类曾经长期完全依赖荒野生活，人类文明是在荒野的基础上发展起来的，人没有理由对大自然采取那种傲慢和野蛮的态度，说什么要主宰和统治大自然；相反，人应当对大自然采取谨慎和尊重的态度；（3）荒野为人类提供种种服务，它对人类的科学、人类的精神、人类的娱乐等作出过重大贡献，以后还将起重要的作用。总之，人类生活不能没有荒野。莱奥波尔德说："除了爱情和战争，几乎没有什么事情做起来会像户外娱乐这类业余爱好那样自由自在，那样富于个性，或那样具有难以捉摸的，由爱好和利他主义所混合起来的性质。大家都认为，回到自然去是一件好事。"

但是，现在荒野正在迅速减少，地球原生生态系统大多数已被人类毁坏，或彻底改变。现在只有少数荒野，主要是荒漠、热带雨林和冻原，仍然有较大面积保持它们的自然状态。它们被认为是人类未来开发利用的主要对象。

热带雨林是地球上现今生物资源分布最为密集的地方。这里高温多雨,分解和淋溶过程非常强烈,被开垦以后土地退化迅速,是很容易受到不可逆转的破坏的地方。现在热带雨林消失的速度很快,这已受到全世界的关注。冻原的热量不足,现有科学技术还难以投入这样大的热量,开发仍有很大的困难。荒漠开发,主要限制因素是水。只要有水,荒漠开发有很大的潜力和条件,但是这里生态脆弱。而且,它的减少正在向一种危险的形势逼近,保护荒漠应受到更多的重视。它要求我们"像山那样思考",对荒野采取更为谦恭和谨慎的态度,尊重和保护荒野的存在。当今荒野消失已是全球性现象,它导致生态平衡破坏。这隐藏着严重的双重危险性:第一,人类失去利用荒野这种原材料,从而失去从它创造文明成果的可能性。它会使文明产生危机,并从而使文明走向衰落。第二,生物失去了荒野这种生物多样性的天堂,从而会使许多生物失去生存的机会,它会产生生态危机。因此,为了保护人类文明和人类文明发展的条件,为了保护地球和保护地球上的生命,人类需要保护荒野,保护荒野的价值。

莱奥波尔德认为,荒野是我们这个世界的救星,这是狼的嗥叫中隐藏的深刻含义。它已被群山所理解,但却很少为人类所领悟。人们继续消灭荒野,

▼ 地球上的森林正遭受严重破坏。

于是便有了尘暴，让河水把土壤——从而把未来冲刷到大海里去。他说："总而言之，了解荒野的文化价值的能力，归结起来，是一个理智上谦卑的问题。那种思想浅薄的，已经丧失了他在土地中的根基的人认为，他已经发现了什么是最重要的，这就是那些空谈帝国、政治或经济的人，他们将会存在许多年。只有那些认识到全部历史是由许多从一个起点开始，然后人们不断地，一次又一次地返回到这个起点，去做另一次具有更持久性价值探索的人，才是学者。只有那些懂得为什么人们未曾触动过的荒野，赋予了人类事业以内涵和意义的人，才是学者。"

阅读提示

选自《生态伦理学——从理论走向实践》，首都师范大学出版社1999年版。

随着人们对于人与自然的关系的不断深入思考，有关的生态哲学研究也在不断推进中。在这种学术研究的发展中，一些新的观念的提出，与人们旧有的观念形成了对立。例如，过去，人们经常认为荒野是没有价值的，尤其因为没有可被人类利用的价值，或是可以被置之不顾，或是可以作为开发、征服的对象。中国生态环境哲学家余谋昌先生这篇短文简要地介绍了国外哲学界有关荒野的价值的新观点，人们对于这样的观点虽然可能会有争议，但它确实又引起人们严肃的思考，因为这毕竟是与人类和地球未来的命运相关的重大问题。对此问题，你又是如何看待的呢？

荒漠

Chapter 2

二 真该早些惹怒你

科学家的生活 ／ [美]贝弗里奇

小品文和盖娅理论 ／ [美]托马斯

真该早些惹怒你 ／ [英]佩鲁茨

科学家的生活

[美] 贝弗里奇

对打算从事科学生涯的青年男女，说几句科学研究中个人生活方面的话也许是有帮助的。

年轻的科学家在阅读本书以后，看到对他提出的种种要求也许会大吃一惊。他若不是一个愿为"事业"献身的难得人才，很可能就会放弃科学研究了，所以我必须再说几句。我愿立即向他说明，书中所谈的只是一种求全的理想建议，而且，无需牺牲生活中的其他一切兴趣，人们仍然能够成为很好的研究工作者。如果有人愿意把科学研究当作天职，成为爱因斯坦所说的真诚的献身者，那是再好不过；但是也有很多伟大的、有成就的科学家，他们不仅过着正常的家庭生活，而且还有时间从事各种业余爱好。直到不久以前，由于物质报酬是如此的菲薄，科学研究还完全是由献身者去从事的。但今天，研究工作已经成为一项正规的职业了。然而，严格遵照早九点到晚五点的工作时间是不能做好研究工作的，实际上，有些晚上必须用于学习。从事研究的人必须对科学真有兴趣，科学必须成为他生活的一部分，被他视为乐趣和爱好。

科学研究的进展是不规则的。科学家偶然一次去热切地追踪一项新发现，这时，他必须把全副精力倾注于工作之中，日夜思考。他如具有真正的科学精神，是会愿意这

▲ 牛顿说自己就像个在海滩上玩耍的小男孩。

科学是美丽的

样做的；如若条件不允许这样做，则会损害他的活动力。研究人员的家人一般都懂得，如果此人要成为创造性的科学家，有时就必须尽力不使他在其他方面有所负担和操心。同样，他实验室的同事们通常也帮助他减轻日常工作或行政事务上可能的负担。这种帮助并不会给他的同事或家人造成负担，因为对大多数人来说，这种精力突然奋发的情况是太少见了。也许平均一年有二到六次，一次有一、两个星期，但各人的情况是大不相同的。然而，不要把这些话误当作鼓励培养"艺术家的脾气"，而在日常事务中可以不负责任。

　　弗莱克斯纳在规划洛克菲勒研究所时，有人问他："你准备让你的人在研究所里出洋相吗？"这句话的意思是：只有愿冒这种风险的人，才可能作出重要的发现。研究人员万万不可因怕出洋相或怕人说他"想入非非"而放弃自己的设想。有的时候，提出并深入研究一项新设想是需要勇气的。人们还记得：詹纳把有关种牛痘的计划告诉一位朋友时，由于害怕受人嘲笑，是请他严守秘密的。

　　当我问起弗莱明爵士对研究工作的观点时，他回答说：他不是在做研究，而是在做游戏的时候发现了青霉素。这种态度代表了不少细菌学家，他们把自己的研究说成是"戏弄"这个或那个有机体。弗莱明爵士相信，正是做游戏的人作出了最初的发现，而更按部就班的科学家发展了这些发现。"游戏"一词意义颇深，因为它明白地意味着科学家的工作是为了怡情，为了满足自己的好奇心。但是，如果是一个无能的人，"游戏"则无异于随便地摸摸这弄弄那，一无所得，没有结果。戴尔爵士1948年在剑桥为巴克罗夫特爵士举行的一次聚会上说，伟大的生理学家总是把科学研究看成是有趣的冒险。拉夫顿（F.J.W. Roughton）教授说，对巴克罗夫特和斯塔林（E.H.Starling）来说，生理学就是世上

詹纳给病人种牛痘

最开心的娱乐。

科学上的伟大先驱，虽然都曾热烈地捍卫自己的设想，并时常为之战斗，但是，他们中的大多数在心灵深处却是谦恭的人，因为他们太清楚了：比起广阔的未知世界，他们的成就只是沧海之一粟。巴斯德在他的生命快要终结时说："我虚度了一生"，因为他想到的是很多他本可以做得更好的事。据说，牛顿在死前不久曾说：

1928年，亚历山大·弗莱明发现了青霉素。

"我不知道世人怎样看我，但在我自己看来，我只是像一个在沙滩上玩耍的男孩，一会儿找到一颗特别光滑的卵石，一会儿发现一只异常美丽的贝壳，就这样使自己娱乐消遣；而与此同时，真理的汪洋大海在我眼前未被认识、未被发现。"

娱乐和度假主要是一个个人需要的问题，但是，科学家如果连续工作时间太长，会丧失头脑的清新和独创性。在这方面乔伊特（Jowett）杜撰了一句很好的格言："不紧不慢，不劳不息。"我们大多数人都需要娱乐和变换兴趣，以防止变得迟钝、呆滞和智力上的闭塞。弗莱克斯纳对假期的看法与摩根（Pierpont Morgan）是一样的。摩根有一次说，他不能用十二个月，却能用九个月做一年的工作。但是，大多数科学家并不需要一年休假三个月。

我已经提到过科学研究中常有的失望，以及需要同事、朋友的理解和鼓励。大家知道，这种不断的挫伤有时会造成一种神经病，哈里斯（H.A.Harris）教授称之为"实验室神经病"；有时这种挫伤则会扼杀一个人对科学研究的兴趣。必须保持极大的兴趣和高涨的热情，当研究人员必须吃力地、缓慢地从事某项研究而又无成果时，要保持这二者是很困难的。在别的行业里，常常可以养成积习，因袭旧例；但是比起其他行业，科学研究中的这个问题就要严重得多。因为实际上，所有研究人员的活动都必须是他自己头脑的产物。唯有在工作有所进展的时候，他才得到激励，而不像生意人、律师和医

从事研究的人必须对科学真有兴趣,热情是一种巨大的推动力量。

生,他们既可以从自己的主顾、委托人和求诊者那里,又可以因为自己能有所作为,而经常得到激励。

经常同关心自己工作的同事讨论研究工作,有助于防止"实验室神经病"。神经病学上"精神发泄"的巨大价值已是众所周知,同样,告诉别人自己的困难,倾吐自己的失望,会使受到顿挫的研究者减少过度的烦恼和忧伤。

"实验室神经病"最常见于把全部时间用于研究单一项目的科学家。有些人在同时研究两个问题时感到充分地缓解和松懈身心。有些人则愿将一部分时间用于教学、常规的诊疗工作、行政事务或其他类似职业上,使他们感到即使研究工作一事无成,他们也还是在做一些实际有用的事情,也还是在为集体作贡献。各人情况需要分别加以考虑,但是研究工作要有成效,科学家必须把他的主要时间用于研究。

在谈到这后一点时,坎农意味深长地指出:

"这个时间因素必不可少。一个研究人员可以居陋巷,吃粗饭,穿破衣,可以得不到社会的承认。但是只要他有时间,他就可以坚持致力于科学研究。一旦剥夺了他的自由时间,他就完全毁了,再不能为知识作贡献。"

在做了一整天别的工作以后，挤出一两个小时的业余时间来做科学研究是没有多大用处的，特别如果这一天的工作是需要动脑筋的工作，因为，除了实验室活动以外，科学研究还需要安宁的心境以便思考问题。此外，为了研究工作取得成果，有时必须面对挫折失败锲而不舍，而有一个现成的"逃避"活动，可能会造成不利条件。伯内特认为业余研究通常"在重要性上是稍逊一筹的"。

普拉特和贝克提出，一个科学研究人员或是有随和、平易近人的好名声但平庸无奇；

▲ 实际上，有些晚上必须用于学习。

或是喜怒无常但成绩卓著；也许只能是二者居其一。对于仅只到实验室来作科学参观的来访者应严格限制，然而，大多数研究人员愿意牺牲时间同真正严肃关心自己工作的参观者交谈。

巴甫洛夫在临死前写道：

"我对中国有志于科学的青年有什么祝愿呢？首先，循序渐进。我一说起有成效的科学工作这条最重要的条件时就不能不感情激动。循序渐进，循序渐进，循序渐进……在未掌握前一项时决不要开始后一项。但是，切勿成为事实的保管员。要透彻地了解事物的奥秘，持之以恒地搜寻支配它们的法则。第二要谦虚……切勿狂妄自大、目空一切。由于狂妄，在必须同意他人时你会固执己见，你会拒绝有益的、善意的帮助，你会丧失客观的头脑。第三，热情。记住：科学是要求人们为它贡献毕生的。就是有两次生命也不够用。在你的工作和探索中一定要有巨大的热情。"

热情是一种巨大的推动力量，但是，同一切与感情有关的东西一样，有时变化无常。有些人一时感情冲动，但片刻即逝；而另一些人却能长时间保持对事物的兴趣，而强烈的程度却往往很一般。在这方面，同在其他方面一

科学会议的主要价值也在于提供了机会，使科学家能非正式地会面，并讨论共同关心的问题。

样，应该尽可能地了解自己。就我个人而言，当我一阵心血来潮的时候，鉴于过去的教训，我试图客观地估计形势，判断我的热情是否有坚实的基础，或是否会在热情燃尽以后，从此一蹶不振，很难再对这个问题引起兴趣。对问题保持兴趣的一个方法是和同事分享这种兴趣。这样做还有助于使自己头脑清醒，制止盲目的冲动。年轻人特别容易对自己的设想一时冲动，急于加以试验，而欠缺批判的思考。热情是一种非常可贵的动力，但是同一切动力一样，必须充分认识其各方面的影响，才能用得恰当。

如果年轻科学家在毕业后的一两年内能够找到可出成果的工作方向，那么他不妨排除其他课题进行专一的研究。但一般说来，在把全副精力用于某一方面的研究之前，他最好能获得比较广泛的经验。工作单位问题也是如此：假如他很幸运，发现他的同事和工作的条件都很好，他对自己的进展很满意，那就谢天谢地。但是，换一换工作往往是很有帮助的，因为思想上新的接触和不同的科学领域都能给人很大的激励，尤其当科学家感到自己是在墨守成规的时候。我自己就有这种感受，别人告诉我他们也有这样的体会。一个不到四十岁的科学家，或许每三五年就应从这个角度来考虑一下自己的工作。有时更换课题也有好处，因为研究同一问题时间过长，会使人脑力枯竭，做不出结果。

高级科学家更换工作往往很困难，同时对他们也是不合适的。对他们来说，休假年就是一个换换脑筋的机会；另一个方法是，安排各机构间科学家的短期互换。

一个人如果被隔绝于世,接触不到与他有同样兴趣的人,那么,他自己是很难有足够的精力和兴趣来长期从事一项研究的。多数科学家在孤独一人时停滞而无生气,而在群集时就相互发生一种类似共生的作用,这正如培养细菌时需要有好几个有机个体,生火时必须有好几根柴一样。这就是在研究机构工作的最大有利条

▲ 有些科学家愿意将一部分时间用于教学。

件。至于能得到同事的建议和合作以及借到仪器之类的事,则是次要的。世界边远地区的科学家,如能到大研究中心工作一段时间或短期访问各研究中心机构,是大有裨益的。同样,科学会议的主要价值也在于提供了机会,使科学家能非正式地会面并讨论共同关心的问题。遇到与自己有共同爱好的人,会产生很大的动力。看到别人对这个问题如何感兴趣,问题则变得益发有趣。我们之中实在很少有人能有坚强的意志、独立的头脑,热衷于一个别人毫不关心的课题。

然而,确实有少数难能可贵的人,他们有足够的内在精力和热情,独处时不失去活力,甚至可能由于不得不独立思考,不得不因为与世隔绝而有广泛的兴趣,而竟然从中获益。大多数伟大的先驱者都必须独立构思自己的设想,有一些是在科学上与世隔绝的情况下工作的,如孟德尔在寺院,达尔文在"猎犬号"航行途中。还有一个现时的例子,就是贝内茨。他在澳大利亚西部,是在科学上相对隔绝的情况下工作的。他发现了羊身上肠血中毒病症的原因,牛羊因缺铜而致病,此外,对人类的知识还作了其他重要的开创性贡献。

人在一生中哪个时期最有创造性,关于这个问题莱曼(H.C.Lehman)搜集了一些有趣的资料。他在《医学史入门丛书》、《医学史导引》之类著作中查阅资料,发现:1750 到 1850 年出生的人,出成果最多是在三十到三十九岁这十年中间。把这一段的成果当作 100%,则二十至二十九岁这十年间出的成果是 30%—40%;四十到四十九岁期间成果为 75%;五十到五十九岁期间

▲ 科学家也可以过着正常的家庭生活。

成果为30%。人们的发明能力和独创精神也许在早年，甚至早在二十多岁就开始衰退，但是，经验、知识和智慧的增长弥补了这一缺陷。

坎农说：朗（Long）和莫顿（Morton）两人都是在二十七岁的时候开始用乙醚作麻醉剂的；班廷（F.G.Banting）是在三十一岁时发现胰岛素的；塞麦尔维斯二十九岁发现产褥热的传染性；贝尔纳三十岁时开始研究肝脏的产糖功能；范·格拉夫（van Grafe）二十九岁时设计了修补腭裂的手术，奠定了现在成形外科的基础。亥姆霍兹在年仅二十二岁，还是一个医科大学在校学生时，就发表了一篇重要论文，提出发酵和腐烂都是生命现象，从而为巴斯德开辟了道路。鲁宾孙（Robinson）认为二十八岁是一个关键的年龄，因为许多大科学家都是在这个年龄发表他们最重要的著作的。另一方面，有些人在七十岁以后仍继续作出第一流的研究成果。巴甫洛夫、霍普金斯爵士和巴克罗夫特爵士都是很好的例子。

一个人在四十岁以前未作出重大贡献并不一定意味着他一辈子也作不出，这样的先例是有的，虽然不多。随着年龄的增长，大多数人对别人提出的新设想以及自己工作或思想中出现的新观念的接受能力逐渐减弱。哈维说，当他第一次提出血液循环理论时，没有一个四十岁以上的人接受它。许多人之所以在中年前后丧失了创造力，就是由于担任了行政职务没有时间从事研究。有时是由于中年以后生活安逸而造成惰息，从而丧失了进取心。和年轻人接触有助于保持观点的敏锐新鲜。不管人过中年创造力衰退的原因是什么，这种现象说明了：知识和经验的积累并不是研究出成果的主要因素。

奥斯瓦尔德认为，随着年龄增长而经常出现的创造力衰退的现象是由于对同一问题长期接触所造成的。知识的积聚妨碍着独创精神，这一点在本书第一章里已经讨论过了。对于中年以后丧失独创性的科学家，奥斯瓦尔德主张他们的工作领域来个大变换。他自己在五十岁以后用这样的方法保持头脑的敏锐，显然是非常成功的。

研究人员是幸运的人，因为他能从自己的工作中找到生活的意义并感到满足。对于把个人的存在埋入大于小我的事物中从而寻求心境安宁的人，科学具有一种特殊的吸引力；那些更重视实际的人却因想到自己研究成果的不朽而感到心满意足。很少有什么职业可说比科学研究对人类幸福有更大的影响了，特别是在医学和生物科学方面。罗伯逊说："研究工作者是新文明的开路人和先驱者。"人类存在和积累知识只有近一百万年，而文明社会约一万

▼ 科学家还可以有自己的业余爱好。

年前才刚刚开始。有什么理由说人类不能在世界上再居住几万万年呢?当我们想到未来将取得的成就时,不禁头晕目眩、惊愕万分。我们才刚刚开始驾驭自然力。

但是,比起寻求怎样控制世界气候,怎样利用地壳下面蕴藏的热量,比起穿过宇宙飞往其他的星球,比这些更为急迫的是必须使人类的社会发展赶上自然科学方面的成就。当人类运用集体的意志和勇气承担巨大的、但归根结底是义不容辞的责任来有意识地引导人类物种的进一步进化时,当科学研究的最伟大的工具——人的头脑——本身成了科学发展的对象时,谁又能想象那个时候事物会发生什么样的变化呢?

▲ 科学家在社区培养孩子们的科学兴趣。

提要

对科学的好奇和热爱是进行研究工作最重要的思想条件。也许最大的鼓励是希望赢得同事们的尊重,而最大的报酬是作出新发现时感到的激动,人们普遍认为这是人生最大的乐趣之一。

▲ 虽然大多数科学家并不需要一年休假三个月,但可以用九个月的时间做一年的工作。

根据科学家的思想方法，大致可把他们分为两类。一种是推测型的研究人员，他们的方法是运用想象和直觉来得到解决方法，然后凭借实验和观察对自己的假说加以检验。另一种是条理型的研究者，他们一步步谨慎地推理，进展缓慢，收集了大部分的资料后才得出解决方法。

研究工作的进展一般是突进式的。在"高潮"时期，科学家几乎必须把全部精力和时间用于研究。不断受挫可能引起一种轻度的神经病。防患的办法是同时研究几个问题或从事某项业余工作。换换脑筋往往会产生巨大的精神动力，有时变换课题也有同样的效果。

从事科学研究确实能使人心满意足，因为科学的理想赋予生命以意义。

阅读提示

选自《科学研究的艺术》，陈捷译，科学出版社1979年版。

动物病理学家贝弗里奇的《科学研究的艺术》一书，因其贯穿着作者本人的科学实践经历以及对于科学研究方法的亲身体验和理解，加上叙述的生动，赢得了广泛的读者，也为公众理解科学研究方法提供了一个出色的大众化的文本。在这篇选自该书的文章中，作者面对那些打算从事科学研究生涯的青年人，讲述了作为一名科学家需要什么样的素质和要求，在这当中，自然也带有方法论的意味。其实，每一个想成为科学家的青年人，甚至每一个对科学感兴趣的人，读读贝弗里奇的著作，都会获益匪浅。

科学是美丽的

◀ 研究人员是幸运的，因为他们能从自己的工作中找到生活的意义并感到满足。

小品文和盖娅理论

[美] 托马斯

1970年在布鲁克洛奇举行了一次"炎症"讨论会，地点在卡拉马祖的郊外，是由厄普约翰公司赞助的。这个地方一直是大学的科学人员开会讨论的中心。我的任务是作一次所谓的基调演讲。我讲完后，是各地的研究炎症现象的科学家报告约40篇论文。因为我无法事先了解那些论文谈些什么，所以可以对炎症随意谈谈。我知道那些论文总的方面是活组织内这个防御措施的生物化学细节；当外来入侵者出现之后，白血球和其他细胞之间交换信息的办法；介质（中介物质）调节小血管的扩张和收缩，来控制各种溶解的物质和血液细胞进出毛细血管和小静脉的管壁；白血球和血小板在血管内凝聚和贴附；所有的一切累积产生了盖娅提出的四个现象——红、肿、热、疼，这就是炎症的典型反应。经过了这些环环相扣的复杂事件，最后将进入活组织之内的外来物质破坏掉并排除出去。这是手头的主题。

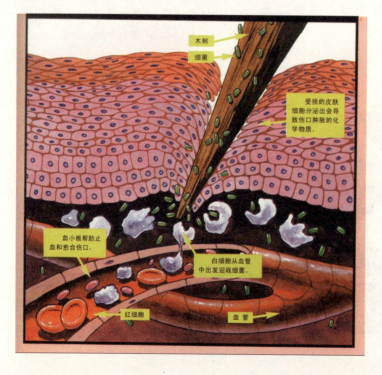

◁ 免疫系统对入侵物质进行抵抗

这种会议的气氛常常比较沉闷，我的讲话是为了使会议从开始就轻松起来，对炎症提出一个不那么正式的观点。我当时想，现在还是这样想，炎症主要是自我造成的不自在（疾病），而不单纯是一种防御。在炎症中，所有的互不相容、战斗的机制突然脱了缰，造成的结果常是对宿主的损伤大于对入侵者的损伤；是一次生物学上的事故，恰如在一个桥上，火车、救护车、警车、拖车、卡车等，一串车辆撞到了一起。

▲ 花粉是一种常见的过敏原。

赞助者将整个会议录了音。过了几个月，我收到寄来的我那次讲话的材料，像个小册子，附了一个小条，说也把它送给了其他参加会议的人。过了一两天，《新英格兰医学杂志》的主编英格尔芬格给我来了电话。

英格尔芬格说，他读了那篇小文，很喜欢它，至少很喜欢其中的一些部分，但并不同意全部的内容。他希望我为那个杂志写点同样风格的短文。提出的条件很吸引人：每个月写一篇，第 3 周星期四交稿，篇幅不长于一页（约 1000 字），题目任我选。没有稿费，但是作为回敬，他答应谁也不准对小文做任何改动。他们可登可不登，但是不作改动。

我无法拒绝。这并不是由于这本杂志的声誉，也不是因为这是发表我喜爱的想法的好机会，而是很久以来我已经像条件反射那样，英格尔芬格要我怎么做，我就怎么做。这种行为上的反射，部分是偶然地在波士顿市医院做实习大夫的时候建立的。我到市医院做"低年"大夫时，一年前由哈佛毕业的英格尔芬格比我早去 9 个月，那时他是"高年"大夫，所以也就是我的"上司、老板、头头"。我们俩的关系是以他发令我执行开始的，以后就这样继续下去。还不止如此。那个时期在市医院做实习大夫，有点像是在一个乱糟糟的战场上作战，因而我们成了亲密的朋友。英格尔芬格除了其他素质之外，还是个生就的老师。当我穿上新白大褂到他的病房之后，他就开始教我他知道的一切。有很多小技术要学：如果一个给氧气的临时帐幕缺了些什么，

▲ 花粉和食物过敏都是人类免疫系统对人自身造成的伤害。

怎么能把它装起来；怎么将氧气钢瓶从走廊上存放的地方弄到病床旁边（它很重，拿不动，只能把它歪到一定的角度在打蜡的地面上拖着走）；怎么为昏迷的病人洗胃；怎么把针头刺进看不清楚的静脉之内，等等。有些晚上，我们在他的或在我的房间里听唱片，等候急诊室的召唤。英格尔芬格比我对莫扎特懂得多，甚至在这种时候他也情不自禁地教我：他喜欢摆上一张唱片，放一秒钟，然后拿下唱头，考我，让我辨别那个乐句，以及它属于哪个作品。1937年圣诞夜我值班，英格尔芬格休息。第二天早上他接班那一夜病房里很安静。我把一个小条钉在他的房门上，祝福他。那是一个圣诞卡：

> 我带来了圣诞的喜悦，
> 带给你美好的消息。
> 尽管许多人在床上翻来覆去，喊叫哭泣，
> 可是全都活着，没有一个死去。

我们在一起呆了18个月。我离开的时候，对他的头脑风格都深为崇敬。做完实习大夫后，他去了费城，我去了纽约，在以后的岁月里，我们不常见面，每年只有一两次，一般是在临床研究学会的大西洋城5月年会上。不论

在什么时候见面，我们都能坐下来，接着上次见面时没谈完的继续谈。

因此，我告诉英格尔芬格，我愿意为他的杂志试着写那个栏目。就这样开始了。

在进入医学院，以及毕业以后的几年里，我都没有了兴趣写点什么。只是偶尔写点轻松的韵文，间或也写些严谨而不很清澈、不很好的诗。我很善于写难说好坏的韵文。除此之外，我写的都是科学文章，大约有200篇，都是不动感情、平铺直叙的

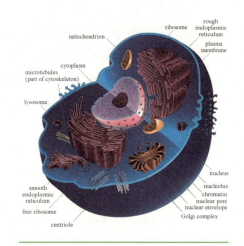

▲ 动物细胞结构

体裁，每个词都要毫不含糊。今天看来都是些丑陋的语句。这个摆脱单调文风、试着写小品文的机会，使我兴致万千，但也使我有些忧虑。我尽力把一些想法拟好大纲，把想在一篇随笔中所包括的都列出来，把我的想法组织得有条理些。写了几篇文章，很是吓人，我自己也不太敢再看一遍。因此，我决定放弃那个井井有条的方法，而完全不用任何方法。常是在周末，已经过了期限两天以后，在深夜找出一点适当的时间，不先写提纲，不先做计划，而且尽快地写。这个办法倒很有效，至少更有兴致些。我能开始写了。写好了一篇，题为"一个细胞的生活"；后来在第一次登月时，又写了一篇警惕月球上微生物的小文，

▲ 水母

科学是美丽的

再有几篇谈共生现象，过了6个月，发表了6篇小文，我想这已经足够了。我给英格尔芬格去了信，说现在可能该停下来了；我原来打算的还不到6篇；也许他那个杂志最好放弃这项冒险，找另外的人写点新东西。我接到回信，说：不！我必须继续写下去。他们接到一些读者来信，表示很感兴趣，还说甚至洛厄尔也给英格尔芬格去了电话，说托马斯的散文写得不错。洛厄尔就是智慧超群、严肃认真的洛厄尔博士（Francis Cabot Lowell），是英格尔芬格在波士顿的同班，也是一位严厉的批评家。如果洛厄尔认可了这些短文，我当然就该继续下去。

过了一段时间，它成了习惯，我在4年里隔一定时候常常就写点什么。有一天，我接到过去从来没有见过面的温泽市的奥茨从加拿大来的一封信。她说有位医生给她看了有些小品文的复印本；她劝我考虑把它们汇集成册。我曾经收到不少谈论那些小文的信函，都很有意思，大多数是医生和医学生写来的。在我收到的信中，奥茨的是最美妙的一封。我没有想到过一篇篇短文怎么能集成一本书，因为我看它们互相没有联系。但是她的赞许使我很受鼓舞。稍后不久，在1973年，几个出版社给我来了信，问汇集成册的可能性，但是也让我明白，如果我愿意试试，就必须做较大的改写，并且插上一

▼ 生命最初起源于原始海洋。

些新的文章（他们称为"承转小文"），以便使它条理通顺。那时我正在耶鲁院长办公室里忙，写了回信，说我难以安排那项任务。后来有个早晨，瓦伊金出版社的编辑西夫顿给我来了电话，说她愿意以原样出版那些短文，不要我做什么修补，也不要什么"承转"。我在电话上就说：好吧。1974年印了出来，用第一篇的题目"一个细胞的生活"作了书名。这是写得最最容易的一本书。它在市场出售的情况很使我惊喜，特别高兴的是它在大学和医学院的书店里卖得很多，这正是我所希望的。因为已经写上了瘾，我就不断地写点短文，有些是为新英格兰医学杂志，有些并没有发表。4年之后，又有了不少，足够汇成第二本书，那就是《水母和螺蛳》。

虽然《自然》和《科学》这两本杂志都发表了赞许这两本书的书评，还有不少基础学科的科学家写信给予支持和称道，但是我还是同一些非常有学问的人出了麻烦；那是和我所写的某些主题密切相关的人。他们很反对我——多是对于一些观点，而不是对于所说的事实。

有些进化生物学家批评我在好多篇散文中流露的一个意见：地球的本身就类似一个生物，它在那么多的方面表现出互相依赖、互相联系，恰如一个巨大的但仍在发育中的胚胎。我认为这个想法非常有道理。想想古生物学的真实情况吧。生命在存在的几乎75%的时间内，完全是分散的、前核的、微生物的细胞，它们都是远古之前不知是什么样的最初的一个小生物的后代。它们不知怎样地发展成了有核的细胞，那大约是在几十亿年以前，后来又发展成了多细胞的个体，累积成了今天精致的植物和动物，而这些生物都直接或间接地依赖于今天的微生物群体。由洛夫洛克（Lovelock）提出，并得到马古利斯（Margulis）支持的盖娅（Guia）学说，又进了一步，提出这个星球上结合起来的生命，不只是形成了一种生物，而且还很有效地调节着自己，

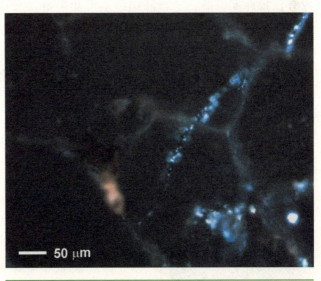

🔻 生活在石油中的细菌发出淡蓝色的荧光

维持了它的大气和水中所含成分的相对稳定，做到了大学生们都熟知的现今复杂生物（包括人类自己）的那种平衡（稳态，内环境稳定，调衡，体内平衡）。

地球大气中氧气、二氧化碳和氮的浓度，对生命最为适宜，它和一个没有生物的星球的大气有极大的不同。有相当的证据表明，这些气体以及氨、甲烷等其他量少的气体的适宜浓度，是由各种生物的代谢活动保持的。海水中的盐度和酸碱度保持着恒定；如果没有生物，可以预料海水会逐渐成为饱和的盐水！地球的平均温度固定在摄氏 10 度到 20 度之间，这已经至少有 10 亿年了。地球的生命在一些力量的面前维持着生命，而如果在环境中没有一个将各种事物保持平衡的复杂机制，那些力量就一定会在各处造成死亡。除此之外，最使人惊异的是生物圈能设法调节（而且还一直这样调节）太阳光照的增加，它从约 35 亿年前生命开始以来，到现在至少增加了 30%。这个地方真是稳定。现在开始认为，真正威胁它继续昌盛富裕的，可能只是我们自己。

对盖娅理论可以争议的麻烦，是它似乎有悖于达尔文的中心理论，即物种出现之后，其存亡要根据在自然选择之中的竞争。出现能存留下来的新品种完全是靠机会，是由随机的突变或原有基因同样随机地重新组合造成的。对于有些进化生物学家来说，认为整个那个物件（也就是盖娅）内部的调节具有一套高深莫测的复杂机制，它们协同工作，维持整体的恒定。这样的看法和理解带有一种意味，似乎事情是这样设计来工作的。这不符合规律，就像有位批评家说的："自然选择不可能是事先安排好的。"我很同意这一点，但是我不认为这个设想全然是目的论；同时当然也不像同一位批评家所说的是把地球"神化"。我认为：在行为上存在着生物学上稳固的利益，它导致了协同协作；在地球的记录里，有许多这种伙伴协作的成功实例，像 10 亿多年前开始时，地球上大多数生命固着于其中的藻毯，它有互相依赖的那些层，可能导致有些微生物进入到其他微生物的躯体里面，形成了叶绿体和线粒体。我把它看成是在各个阶段中最为重要的，有了它才可能有在

▽ 线粒体

最近这10亿年里登上舞台的各种东西；越来越复杂的多细胞后生生物（动物和植物）系统，配备着利用太阳能制造食物和氧气的机制，反过来又使用氧来取得存贮在食物中的能量。我不怀疑它的发生靠的是机会和后来的自然选择，但它发生得如此成功，才为以后的所有各种事物准备好了条件。如果没有前面的它，后来的这些事物本来是无从发生的。这些最初的、首要的、内部的共生体（指线粒体、叶绿体——译者），保留了一定量的DNA和RNA，足以使遗传学家知道，它们的确是（或过去的确曾经是）另外的生物，但是它们可能已经把它

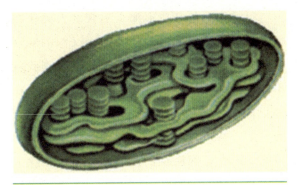

▲ 叶绿体

▲ 叶绿体的分裂和发育过程

们的结构和机能所需要的一些基因，交给了现在生活于其中的细胞的细胞核。

　　我承认，我被我认为的这一段自然史的含义制服了，也许正因为如此，我才愿意在记录里尽量寻找其他共生的例证。还可能由于我头脑里有这个偏见，我才对本来应该重视的自然界里面的侵略、侵犯、冒犯、贪婪、恐怖行为等重视得不够。我真是情不自禁。我想我能够改变想法，花时间去把昆虫主要看成寄生虫，是疾病的传播者，是一种折磨，而不把它们看做空中和水中生物不可缺少的食物来源，是植物传宗接代的使者，是重建森林的技术能手。我承认这是一种像伏尔泰笔下的那个过度乐观者那样的错误见解，但是我不能确切知道伏尔泰写的那个人是否曾如此坚持错误。在现实生活中，在所有可能存在的诸多世界之中，这一个是最好的世界，如果你在"可能"这两个字的下面加上着重号的话。

我对我们自己并不那么乐观。人类正在把自己以及其余的世界拖入深而又深的麻烦之中，除非我们会很快成熟起来，否则我就不敢为我们能生存下去下大的赌注。到现在为止，我们这个物种只是进入了相当于儿童的早期。从进化尺度来看，我们在这里待的时间还不长，因而我们无疑还很年轻；除了赖以存活和庇护的额叶、拇指、语言和文化教养之外，我们一无所有。我们笨手笨脚，会在摸索中做出错事。最糟的是热核战争，它足以把这个物种统统消灭。但是妨碍我们生存的还有其他威胁：由于人口过多而毁灭；由于森林消失而毁灭；由于污染而毁灭；一长串可能会成为现实的噩梦清单；花果园林就要毁掉的声音总在窗外回响。如果运气好，我们可能度过困难。在今后的几十年里，我们必须要具有极其巨大、难以置信的运气。对这方面我有美好的想法：首先，我们是地球上最难以想象的生物，因此，可以希冀我们也会具有难以想象的好运气。

选自《最年轻的科学》，周惠民等译，青岛出版社1996年版。

托马斯是一位医生，也是一位研究者，他写的一些普及性著作曾产生了很大的影响。在这篇文章中，他先是回顾了自己为《新英格兰医学杂志》撰写短文的经历，然后，又谈到了著名的"盖娅"理论。在这两者的联系中，既有对于科学理论内容的普及，又有对于自己的思路的分析整理，也蕴涵着一种与科学方法相关的意味。

◀ 核战争能够毁灭整个人类。

真该早些惹怒你

[英] 佩鲁茨

50年前，生物学领域一个重要的难解之谜似乎是蛋白质结构问题。

一位就职于英国利兹羊毛研究协会的物理学家和X射线结晶学家比尔·阿斯特伯里发现，羊毛、角、指甲以及肌肉中的纤维状蛋白质——角蛋白，会产生一种X射线衍射图谱，该图谱仅由两种映像组成，一种为5.1埃的经线映像，另一种为9.8埃的纬线映像。

阿斯特伯里将它称为α角蛋白图谱，这些纤维在力的作用下伸直后，会产生一种新的X射线衍射图谱，该图谱具有3.4埃的经线映像和两个分别为4.5埃和9.7埃的纬线映像。阿斯特伯里称之为β角蛋白图谱。他断定，这是氨基酸残基沿着笔直的多肽链有规则地重复造成的结果，而α角蛋白中的多肽链通过折叠或盘绕，使几个氨基酸残基沿着纤维轴每隔5.1埃进行重复排列。

看来，理解蛋白质结构的关键在于必须说明这种普遍存在的折叠现象，但X射线衍射图谱所包含的贫乏信息却不能为揭示这一奥秘提供足够丰富的线索。

到1950年，我和J.C.肯德鲁获得的证据表明，肌红蛋白和血红蛋白这两种球蛋白具有相同的多肽链折叠。W.L.布拉格是X射线晶体学的开创者，也是我们在剑桥大学卡文迪许实验室时的老师，他鼓励我们通过构建分子模型以攻克这一难题。

佩鲁茨

科学是美丽的

为使我们着手这一研究，布拉格用钉子代表氨基酸残基，在扫帚柄上将它们钉成一个螺旋图形，其中，相邻的每一圈螺旋间的轴距（或螺距）为5.1厘米。我和肯德鲁在构建具有正确螺距数的螺旋多肽链模型时，遇到了极大的困难。不管我们每一螺圈用两个氨基酸残基，还是三或四个氨基酸残基安排多肽链，它们形成的链角总会被拉得太紧。几个月后，我们在《英国皇家学会学报》上与布拉格合作发表了研究成果，但并未对正确的折叠方式得出严格确切的结论。

论文发表后不久的一个星期六上午，我来到了卡文迪许实验室。在最新一期《美国国家科学院院报》上发现了由莱纳斯·鲍林和结晶学家R.B.科里共同发表的一系列论文。他们在第一篇论文中对长期以来存在于生物学领域中的α角蛋白结构问题作出了回答，并指出，α角蛋白结构由螺旋肽链组成，在螺旋肽链上，每圈有一个不完整的3.6个氨基酸残基重复。在他们所提出的螺旋肽链上，螺距正像阿斯特伯里的X射线衍射图谱所要求的那样是5.1埃，而不是5.4埃。这与考陶尔德研究实验室的C.H.班福德（C.H.Bamford）、A.埃利奥特（A.Elliott）及其同事在某种合成多肽纤维中的发现完全一致。

▲ 动物的毛发、犄角、蹄甲等都由蛋白质组成。

看到鲍林和科里的发现，我不由大吃一惊，与我和肯德鲁提出的螺旋模型相反，他们建立的模型摆脱了一切桎梏，所有氨基都在一个平面上，而每一个氨基酸残基的羰基与沿着肽链向前的第四个氨基酸残基的亚氨基形成一个完美的氢键。

看来，这个结构绝对正确。我怎么会没有想到？为什么我没有把氨基酸中的氨基放在一个平面上？为什么我对阿斯特伯里所发现的 5.1 埃的氨基酸残基重复现象视而不见？此外，不管鲍林和科里的螺旋模型看上去多么美妙，假如它的氨基酸残基重复有错误，那么它的正确之处又在哪里呢？此时我的思绪一片混乱。我骑着车，回到家中吃午饭。我吃饭时对孩子们的喋喋不休充耳不闻。妻子关切地询问我今天发生了什么事，我也毫无反应。

突然，我有了一个想法。鲍林和科里的 α 螺旋就像一架螺旋形楼梯，氨基酸残基形成楼梯上的台阶，每一级台阶的高度为 1.5 埃。根据衍射理论，这种与纤维轴垂直方向有规律的重复现象会产生 1.5 埃间距的一种明显的 X 射线映像。就我所知，不管是从诸如头发和肌肉之类的"天然"蛋白质，还是从合成的多肽蛋白质中，都还没有人报道过这样一种映像。因此，我得出

从卡文迪许实验室走出过 29 位诺贝尔奖获得者。

结论，α 螺旋必定是错的。

但是，且慢！我突然想起到阿斯特伯里实验室作过的一次访问。我认识到，由于他将纤维长轴垂直放于 X 射线束前，因此，其 X 射线装置的几何位置阻碍了对 1.5 埃映像的观察——只有将这些纤维倾斜成 31°的布拉格角才能观察到这种映像。另外，阿斯特伯里使用了一种平板照相机，这种相机对于记录由 X 射线入射线束的偏折 2×31°后所形成的映像来说，范围实在太狭窄了。

在一种疯狂的激动状态之中，我又骑车回到了实验室，在那儿找到了一根以前藏在抽屉里的马鬃。我将它放在测角计上方，以 31°角对准 X 射线束的入射线。不同于阿斯特伯里所使用的平板底片，我使用了一种圆筒形胶片，这样可以拍摄到直至 85°的各种布拉格角的所有映像。

两个多小时后，我将胶片冲洗出来。此时此刻，我的心仿佛已跳到嗓子眼上。我打开灯，在照片上发现了明显的以 1.5 埃间距存在的映像，这恰恰是鲍林和科里 α 螺旋模型所要求的。映像本身并不能证明什么，但它排除了我们及其他人已提出的所有可供选择的模型，而只与 α 模型相一致。

星期一早上，我神情激动地冲入布拉格的办公室，给他看我所拍摄的 X 射线衍射图片。他问我，究竟是什么使我想到了这一关键性实验。我告诉他，我的思想火花是被因为没有能察觉这种美妙的结构而产生的恼怒激发出来的。布拉格干脆地回答："真该早些惹怒你！"因为 1.5 埃映像的发现可能引导我们径直地提出 α 螺旋模型。

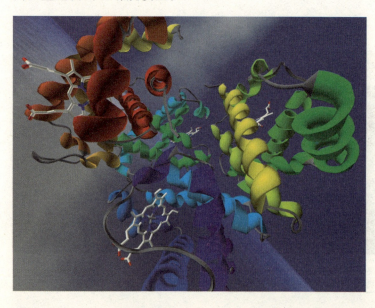

◀ 血红蛋白

以后，5.4 埃和 5.1 埃之间的不一致现象仍然困扰着我。这个问题直到两年后的一天早上才得到解决。弗朗西斯科·克里克带着两根橡胶管来到我的实验室，他以每圈 3.6 个软木塞的螺旋重复和 5.4 厘米的螺距在两根橡胶管上钉上软木塞。他向我指出两根管子可以相互缠绕以形成一个双螺旋，让软木塞整齐地互相连锁。于是每条链的螺距就从 5.4 厘米缩短到 5.1 厘米，正如 α 角蛋白 X 射线图谱所要求的那样。

这样一种双螺旋最终被我的同事 A.D.麦克拉克伦（A.D.Mclachlan）和 J.卡伦（J.Karn）在肌肉蛋白质——肌蛋白——中发现了。

 **阅读提示**

选自《真该早些惹怒你》，张春美译，陶家祥校，上海科学技术出版社 2004 年版。

佩鲁茨，英国科学家，1962 年诺贝尔化学奖得主。他也曾写过不少科学随笔，这里即是其中一篇。用《自然》杂志的评论来说，他写的东西"充满智慧、温性和时尚，丝毫不枯燥沉闷"。在这篇随笔中，佩鲁茨记述了他亲身经历的一段有关生物学中蛋白质结构问题的研究过程，其中，科学家们的摸索、失误、迷茫、灵感、兴奋、成功，种种行为与心态跃然纸上。

科学是美丽的

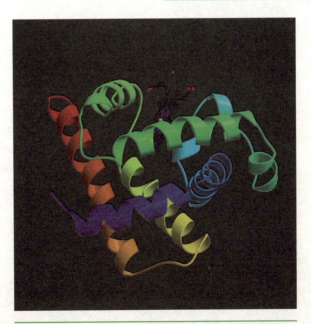

▲ 肌蛋白

Chapter 3

三 树梢上的女科学家

公众科学家费恩曼／［美］约翰·格里宾
　　　　　　　　　　　玛丽·格里宾

确定经度的故事／［美］索贝尔

如愿以偿跟随大师／［美］惠　勒

树梢上的女科学家／［美］洛　曼

公众科学家费恩曼

[美] 约翰·格里宾　玛丽·格里宾

在 2 月 3 日星期一下午 4 点，格雷厄姆来电话确认费恩曼为该委员会的一员，并希望他出席星期三上午将在华盛顿召开的第一次会议。在接受任务前，按照费恩曼的工作方式，他给自己留出了整整一天的时间来准备。他和要他参加这个委员会的一位朋友希布斯（Al Hibbs）安排好到喷气推进实验室的访问，参加一个关于航天飞机情况的介绍会，以便他能做得更快一些。那天他学到了很多东西，但他了解到最重要的东西也正是在这第一天。在他的情况介绍会笔记的第二行，他批注道："O 形圈留有焦痕。"

O 形圈是帮助发射航天飞机进入轨道的两个固体燃料助推火箭的一个部件。助推火箭是由几个圆柱形的部件接合而成。O 形圈就像巨大的橡胶带，周长 11.3 米（37 英尺），嵌在火箭两部件的接合处，为的是能把接合处封紧，以防在燃料燃烧时热气从缝隙泄漏。完成它们的工作之后，用过的助推火箭与机体分离而掉入海里，再从海里找出来，重新修理后将来再用。如果这些用过的助推火箭上的 O 形圈是烧焦了的，这就意味着在接合处有热气泄漏。如果在发射中密封完全失效，就会导致"挑战者"号机毁人亡这样的灾难。然而，O 形圈为什么会在 1986 年 1 月 28 日"挑战者"号的发射中失效而从没有在以前任何一次航天飞机发射时发生这种

△ 费恩曼 Richard P. Feynman

◀ "挑战者"号在 1986 年 1 月 28 日进行第十次任务时，于升空过程中突然爆炸坠毁。

情况呢？

　　费恩曼在喷气推进实验室"像海绵一样地汲取信息"，但并没有找到问题的任何答案。然后他搭过夜的飞机去了华盛顿，以便赶上 2 月 5 日星期三在罗杰斯的办公室出席委员会的第一次会议。由于前一天高强度的突击准备和睡眠不足，他迷惑地发现这第一次会议只是个非正式的碰头会，没人有他那种要开始做实在事情的紧迫感。另一方面，由于得知调查将不会超过 120 天，比他承诺的六个月还少，他为这点而感到轻松。

　　尽管费恩曼对委员会中的其他成员一无所知，但他忍不住会注意库泰纳将军，在一群平民百姓中他穿着威武的军服，而且在第一次会上费恩曼正巧坐在他旁边。然而这一次，穿军服的还真是个堂堂正正的人——最后费恩曼高兴地发现，散会后很多委员都有高档轿车伺候，而库泰纳却走去乘地铁。

　　　　我想："这家伙，我会和他相处得很好的；他穿着那么高档，但内
　　心却是很正直的。他不是盯着他的司机和他的专车的那种将军；他乘地

铁回五角大楼。"顿时，我就喜欢他了。

这种感觉是相互的，库泰纳把费恩曼放在自己的麾下，给他透露些在华盛顿的官僚中行事的方法。

费恩曼有三点他很欣赏：第一，惊人的智力，这点已为世人所知；第二，正直，这一点也真的在委员会中表现出来了；第三，他有着弄清任何秘密的真相的迫切愿望。不管这种愿望把他带到哪里，他都会在那里弄个明白，而且不会被途中的任何障碍所阻碍。他是个有勇气的家伙，而且他不怕说出他的真意。

能够认识到费恩曼是什么样的人，而且还这么快就和费恩曼建立了良好的关系，库泰纳是幸运的。因为在那个周末这位将军就将面临一个问题，他

▲ 挑战者号失事后，罗杰斯带领的调查组抵达肯尼迪航天中心。

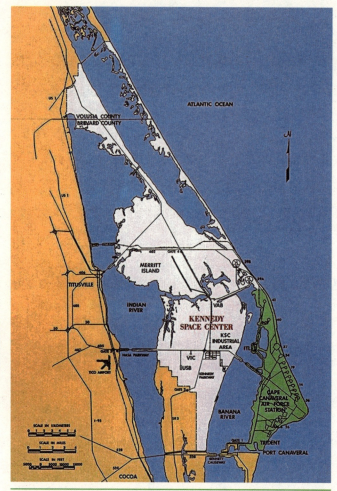

△ 肯尼迪航天中心（图中白色部分），位于美国东部佛罗里达州东海岸的梅里特岛。

将得到一个关于导致"挑战者"号爆炸之原因的重要线索，但这个信息来自于一个敏感的渠道，一个NASA的宇航员，他会由于揭开内幕而被解雇。当然，这真的是一种可能的情况，这件事本身就是对当时NASA的运作方式的一种控诉，但库泰纳知道这不仅仅是臆想。从前有一次，库泰纳的一个宇航员老朋友传给他一份文件，上面描述了在航天飞机部件的制造过程中保安程序是如何被违反了。这位宇航员把文件传给库泰纳时被人看见了，于是他马上就被降级。

委员会开始工作后没多久，另一个宇航员告诉库泰纳一些敏感的消息。有关的承包商已在事故前至少是六个月的时候在极冷的条件下测试了O形圈。很明显，对O形圈变冷时将发生的情况是有所考虑的。这是一条潜在的重要信息，因为毁灭性的"挑战者"号的发射是第一次在气温零度以下时发射航天飞机。如果寒冷在这次灾难中有影响，或许是由于导致O形圈失效，那么委员会就应该能得到这些数据，但是他们从没在这些提交给委员们的材料中提及过。库泰纳急需将这种可能性公之于众而又不能毁了他的宇航员朋友的锦绣前程。做这件事最好的办法，就是设法让费恩曼这个委员会中唯一真正独立的成员去寻思寒冷对O形圈的影响这个问题。

但是他将不得不巧妙一些。就在他们开始为委员会工作时,库泰纳在五角大楼给了费恩曼一份个人的关于整个太空计划的情况简报,以使他们对航天飞机能有正确的考虑。他已表示要让费恩曼排除障碍而获得秘密情报,但遭到了拒绝。费恩曼还说:"我不想让我不能谈论的秘密塞满我的头脑。我希望能够谈论您所告诉我的任何事情。因此,请别告诉我任何机密。"这使库泰纳进退两难。要把寒冷如何影响O形圈这个难题提到议事日程上来的话,在委员会中唯一能信赖去做此事的人也正是唯一的一个坚决地拒绝涉及秘密的人。

费恩曼也是委员会中唯一的对这种慢节奏的工作不习惯的人。星期三仅开了两三个小时的非正式的会,一天中其余时间就没事了。在星期四的第一次公开会议上,委员们有机会向从NASA来的高级代表提问。原来委员们除了两三个之外全都是有科学或工程学学位的,而且他们向那些费恩曼称之为行政"要人"的人提出一连串对方根本就不准备回答的技术问题。"我们会再回来就此事找你"就成了那天念的经。星期五也好不了太多。尽管库泰纳给委员们一份他早些时候做过的一项调查未载人的"泰坦"号火箭失败原因的报告,罗杰斯(委员会中少数几个没有专业背景的人之一)却以它不适合

肯尼迪航天中心

正在太空执行任务的"挑战者"号

于航天飞机的调查为由而不考虑这个有用的经验。他告诉库泰纳:"在这儿我们不能用你的方法,因为我们不能得到像你那样多的信息。"

在费恩曼看来,这显然是错的。因为"泰坦"号是不载人的,它不像航天飞机有那么多的监控设备,也没有把发射过程用特写镜头拍摄下来用于电视转播,而从转播的"挑战者"号发射的图像中足以清楚地看出,爆炸之前在助推火箭的侧面有火苗闪烁。又是令人沮丧的一天。"尽管看起来我们在华盛顿天天都在做着什么,而实际上,大部分时间我们就那样在一起坐着,什么也没做。"

然后就到了周末。结果是,委员会要歇息一个长长的周末。他们订好下周二去佛罗里达,到 NASA 的官员那儿听取情况介绍,还要参观肯尼迪航空中心。不要指望这么一个正式而有向导的参观对所发生的事能提供什么实际的见解;更何况这种装门面的仪式还在五天之后!就在要撤出这项调查之前,受尽煎熬的费恩曼打电话给格雷厄姆,就是他首先把费恩曼拉进来搞这一调查的,问他是否有什么办法能做些实际的工作,比如和工程师们谈谈,试着找一找到底是什么出了问题。格雷厄姆认为这是个好主意,还表示要安排费恩曼到约翰逊太空中心参观,他想多快去都可以。可是罗杰斯否决了这个建议。格雷厄姆提出一个折中的办法——费恩曼留在华盛顿,而格雷厄姆将安排 NASA 的专家给他开一个情况介绍会,地点就在费恩曼所住宾馆正对面的 NASA 总部。起初,罗杰斯也反对这一建议,但最后还是勉强同意了。

因此费恩曼从星期六开始才做与这个问题有关的一些实际的工作,重新回到他在喷气推进实验室停下来的地方。把几段助推火箭连在一起时,有关接合处密封垫的所有情况，有位专家全然了解。费恩曼同他谈过后，很快就弄清了原委。原来，早就知道有个 O 形圈的问题，（看来）主要是由于打了如意算盘，所以被漠视了。在以前的飞行中也有过很少的泄漏，而且有时重新找到的 O 形圈上有部分被烧掉的情况。但只是在少有的几次飞行中，也只有很少的密封垫失效

▲ 1984 年 7 月 4 日，"挑战者"号搭载航天飞机载运机 (SCA) 运往肯尼迪航天中心。

过。如费恩曼所讲的，NASA 的态度是"既然密封垫中有某个有点泄漏而飞行还是成功的，那这个问题就并不那么严重"。费恩曼把这比做玩俄罗斯轮盘赌。你第一次扣扳机，枪没响，因此你假定再扣它也是安全的，于是再扣，再扣……

实际上他找到了一个报告，报告的开头是："在接合处缺少好的次级密封圈是最关键的。"结论是："现存数据的分析表明继续飞行是安全的。"但如果这种情况是"最关键的"，又怎么会安全呢？

到了此时，新闻界已意识到了对密封圈问题的报道，第二天，也就是星期天，一篇报道就出现在《纽约时报》上。结果罗杰斯召集委员会在 2 月 10 日星期一开紧急会议。库泰纳在同日下午从宾馆打电话给费恩曼通知他开这个特别会议，同时邀请他当天共进晚餐。库泰纳大约是在一周前就听说了有关寒冷对 O 形圈的影响的消息，而且他仍在寻找能使费恩曼登场的办法。饭后在给费恩曼讲他的得意经历和高兴的事时他找到了，这是在飞机库工作时他所用的一台奥珀尔 GT1974。工作台上有一对汽化器。这种汽化器的一个重要部件是一个由 O 形圈的橡胶做成的密封圈，是小型飞船的 O 形圈，以防止两个次级部件接合处的泄漏。

"费恩曼教授，你知道，"库泰纳说，"变冷时这些该死的东西会泄漏。你认为寒冷会对汽化器的 O 形橡胶圈有影响吗？"这足以使费恩曼步入正轨而做出他最著名最公开的实验。多谢库泰纳的暗示，在去参加星期一委员会

▲ 照片显示,"挑战者"号升空前,发射火箭右下部(与字母 U 等高的地方)冒出一股黑烟。

特别会议路上他已经在考虑寒冷对 O 形圈的影响了。会议的第一阶段简直是浪费时间。报纸上"曝光"的全是费恩曼已经知道的消息。可后来的事情变得有趣了。第一,给他们看了一张从没见过的照片,显示出在航天飞机穿过发射架之前从助推火箭的接合处就冒出一股股的烟。看来烟是从在爆炸前就出现火苗的地方冒出来的,明确地表明从发射一开始密封圈就有毛病而且开始泄漏。

接着是一件真正奇怪的事。从西奥科尔公司来的一位负责密封圈的工程师对委员会做汇报。他并未受到邀请而是自己主动来的。如果不是由于新闻报道而召开这个特别会议,他就不会在这儿找到这些委员们。他在会上讲,西奥科尔的工程师们非常关注寒冷对密封圈的可能的影响,因此在发射的头天晚上他们向 NASA 提建议,如果温度低于 12℃就不要发射航天飞机,因为这是航天飞机以前所飞过的最低温度。工程师(费恩曼只是叫他"麦克唐纳先生")说,NASA 竟威胁西奥科尔重新考虑他们对飞行的反对意见,不幸的是,发射时温度只有 -2℃。只有麦克唐纳一人拒绝降和。他告诉委员会,他已对同事们讲了"如果飞行出了什么问题,我不想站在调查委员会面前说我去了,还告诉他们可以在不超出所允许的条件下发射航天飞机"。麦克唐纳的证词是这么令人吃惊,以致罗杰斯请他又完全重复了一遍。

麦克唐纳的叙述涉及两个方面。第一，指出了寒冷是O形圈失效的直接原因。库泰纳给费恩曼的暗示比其他委员始闻此事早了将近24个小时，可即使没有那个暗示，听了麦克唐纳的证词之后费恩曼也会紧紧抓住这一线索。第二，正如费恩曼在星期六的情况介绍会之后猜测的那样，这表明其中有两个失误：一是技术上的失误，另一个是人为的失误，即管理上的失误。尽管工程师们已表露出顾虑所在，但管理者还是强令进行。

这个消息太重要了，致使费恩曼想立刻去弄清O形圈的橡胶的性质是如何受寒冷的影响的。但罗杰斯决定第二天，即星期二，召开另一个公开会议。这个会议不是去公布麦克唐纳的消息，那些他认为过于敏感而不能公开，而是去追溯《纽约时报》上的旧材料。罗杰斯的这个想法是回到和星期一下午的封闭会议基本相同的话题上（即使这些对费恩曼也不是新消息），不同的只是这次是面对一批记者和几台电视摄像机。费恩曼想到要浪费更多的时间就很反感，此时他正寻思着要获取一些有关O形圈在冷冻条件之下会怎么样的真实信息。可他被困在华盛顿的旅馆里，离能做这种必要的实验的实验室很远。那天晚上他独自一人吃饭时注意到了桌上的一杯冰水，于是对自己说："真该死！我能查明有关橡胶的情况了……我只要去试试！我所要做的就是去找一块橡胶样品。"

他知道委员会会议上总可以得到冰水，还想到当他真的当场做这个实验时，其他人都坐在那儿听那些与他们已听过的完全相同的旧材料。这个主意对他性格中喜欢表演的那一面来讲是不可抗拒的。而首先，他需要一块O形圈中的那种橡胶。他再次打电话给格雷厄姆，请他来支援。NASA总部有一

⬇ 发射当天气温很低，图中的发射塔上挂满了冰柱。

▲ 火箭残骸上连接处 O 形圈的位置

块将在第二天公开会上展示的接合处模型。它包括两条橡胶（尽管它们的工作很重要，但 O 形圈只有普通铅笔那么厚；因发射时的压力，在火箭的接合处会张开一些小缝，关键是 O 形圈的柔韧性和在嵌入这些小缝时的能力，以防任何热气泄漏）。但费恩曼必须要自己得到接合处以外地方的橡胶样品。

第二天，2 月 11 日星期二一早，费恩曼去一家五金店买了几种工具，包括一把小的 C 形夹钳。然后他走到格雷厄姆的办公室。他只需要一把能把橡胶从接合处拔下来的钳子。他当时就在那儿做了这个实验（由于一些原因，在《你介意别人怎么想吗》一书中费恩曼说他"羞于"提私自先做了实验而"撒谎"；这似乎对我们是个明显的警告）。然后，他把橡胶放回模型接合处，它是格雷厄姆准备提交给会议的。

会上，费恩曼坐在库泰纳将军旁边，钳子放在一个兜里，C 形夹钳放在另一个兜里。每件事都已就绪，只是没有冰水。会议开始后，在出示模型接合处之前，幸运的是，不只是费恩曼，每个人都迫切要冰水。库泰纳意识到要发生什么事了。当接合处被传看后，给了库泰纳将军，他又交给了费恩曼。一个 NASA 发言人讲了密封垫是如何工作的，而委员们装作他们以前全没听过似的。当接合处传到费恩曼这儿时：

> 他把它放在面前，把手伸进他的口袋，从里面掏出一把钳子、一把螺丝刀和一把夹钳。我想："噢上帝，他要干什么？"
>
> 他开始把这个东西拆开。他要取出一块 O 形圈橡胶，用他的夹钳夹住去挤压它，像它被挤压进航天飞机的接合处那样，然后把它放入冰水中冷却到发射那天的温度，并显示出 O 形圈不能弹回去恢复它原来的形状。

由于急切地想为众人演示这一实验，毕竟救援的冰水也及时送到了，费恩曼要伸手去按他面前的红按钮。按下这一按钮就表示他想要讲话，就接通了麦克风，并使电视摄像机和光线都朝向他。而观察着这一切过程的库泰纳意识到，注意的焦点是其他地方。"不是现在。"他告诉费恩曼。又来了一次。他让费恩曼等一等。他翻遍了情况介绍的书，指着一张特殊的图让费恩曼看。"当他来到这个地方的时候，就是这儿，做这个实验就正是时候。"这一刻到来了，所有的目光都转向费恩曼。他向他们演示了这个实验，而且解释了正在发生的事情：

我把这块橡胶从模型上取下来，用夹钳夹住在冰水中放一会儿……我发现当放开夹钳时橡胶不再反弹回去了。换句话说，只过了几秒钟，在摄氏零度以下这种特殊的材料就不再有弹性了。我相信这对我们的问题有着重要的意义。

这个论证并没有引起费恩曼所预期的即时的影响。同他在一起的委员们似乎被他们看来是小丑的表演所激怒，而各媒体的代表们看来是被搞糊涂了。午餐休息时他们问费恩曼的问题太一般了（"你能给我们准确地解释O形圈到底是什么吗？"），以至费恩曼认为他们不得要领，而且生气地责怪库泰纳在他第一次要做的时候没有让他按那个红按钮。但当天晚上，费恩曼的实验出现在所有主要的电视网上（也向全世界播放了），而且第二天在《纽约时报》和《华盛顿邮报》上就有一篇重要的报道。高兴的费恩曼用手搂住将军说："嘿，库泰纳一点都不坏！"

我认为在我们中间没有任何人能做这个实验。对一位二星将军、一位前国务卿或是登上月球的第一个人，去做拿盛水的烧杯那种事情都不太合适。但费恩曼

▲ "挑战者"号残骸

△ "挑战者"号残骸

能行。我猜测如果费恩曼也有一点不足的话,那可能是他的表演才能。然而他是一位出色的表演者。

他也是一位出色的科学家。若与实验不符那就是错的。那些打如意算盘的人会说在温度低于冰点时,也能用橡胶做这件事,但用来证明这一点的东西不会只是一杯冰水和一个C形夹钳。任何一个和费恩曼有同样想法的西奥科尔的工程师都可以在发射之前做这个实验。然而即便如此,能否说服NASA推迟发射也是个问题。最容易欺骗的人就是你自己,NASA的官僚正是欺骗了他们自己,认为目前万事大吉。

费恩曼到华盛顿后在不到一周的时间就做的这个小实验,其结果使他成了一位民族英雄和公众人物。正如戴森所言,这是他"作为传播者的最精彩的一小时",从中"公众亲眼目睹了科学是怎么回事,伟大的科学家是怎样借助双手来思考的,以及当科学家向大自然提出一个明确的问题时,他是怎样地给出一个明确的回答"。公众所没有看到的是在接下来的几个月里的事。在这几个月里,费恩曼继续和委员会一起,深挖那些忽视工程师们的建议从而导致七名宇航员丧生的管理中的问题。

也许,这是委员会工作的最主要的一部分。这件事的圆满完成主要还得感谢费恩曼。正如希布斯阐述的:

> 强行让这件事公开,而且就在电视上做给全世界的人看,委员会中的其他人不能再回避这一点,而且他们不得不说:"是的,就是这样。那么,为什么会是这样的呢?"不然他们也许会花很多时间来查看到底发

△ 在"挑战者"号灾难中遇难的七名宇航员

生了什么,并考虑所有技术上的可能性,而永远也不会来问"为什么"。

我认为他阻止了那种十足官僚性的掩饰,那样也许会说:"没有人该真正受到指责,这是一次不幸的意外。"如此等等。可费恩曼说:"不,那不是真话。许多人应该受到指责。这个体制应该受到指责。而且你们必须说出来。你们必须公开地说出来。"

调查也揭示了其他一些技术问题,特别是航天飞机在再次起飞之前修了几年的引擎。费恩曼所扮演的正是格温内斯所预料的那种自行其是的角色,他拨开迷雾发现了事情的真相,即便这意味着他自己会成个讨厌的人。更有甚者,他是置自己的健康或者说幸福于不顾来行此举的。他回到加州理工学院时,所有认识他的人都为之哀愁,因为这件事对他的消耗太大了。

为了把自己的观点写进委员会的官方报告所作的斗争,以及最终它们是如何以附录的形式而不是作为报告主体而出现的这些故事,都已在《你介意别人怎么想吗》(其中也包括罗杰斯委员会的报告附录)一书中详细叙述了。

◀ "挑战者"号失事纪念碑

这项调查的流行说法常给人一个印象，即费恩曼一味地批评 NASA。而实际上，尽管他严厉地批评了有关引擎的那种状况，但他对航天飞机的控制系统方面非常满意，而且他极其热情地赞扬那些对飞行模拟尽责的计算机专家：他们是一些"看来他们知道自己在做什么"的人（来自费恩曼的不寻常的高度赞扬）。这是一份真正公平的报告，既表扬了好的方面又不怕指出差的地方。它的最后一句话，也恰恰显示了费恩曼的独特智慧：

> 对于一项成功的技术，真实性必须置于公共关系之上，因为自然是不可欺骗的。

论及费恩曼的最后一项技术性工作，以此句作为最后的话语，可能没有比这更好的了。

▲ 美国五角大楼

科学是美丽的

阅读提示

选自《迷人的科学风采——费恩曼传》，江向东译，上海科技教育出版社1999年版。

有时，科学家会在公众的心目中成为某种呆头呆脑、不食人间烟火的形象。但这其实是一种误会，绝大多数科学家显然并非如此。但在科学家当中，像美国物理学家、诺贝尔奖获得者费恩曼那样的与众不同者，却依然是很难得见到的。关于费恩曼的许多故事都在科学界和公众中广为流传。在这里的这篇摘自一本费恩曼的传记中的文章，记述了费恩曼出于社会责任，超出他的专业研究领域之外，在负责调查美国"挑战者"号航天飞机失事的工作中的有趣故事。从中，我们可以看出，一位出色的科学家是如何在他的专业研究领域之外，可以运用科学的方法成功地进行调查工作的。阅读此文，同学们还可以思考一下，像费恩曼这样的科学家，或者其他什么科学家，如果进行像对航天飞机失事的调查这样的工作，其最大的困难和阻力来自何方？

确定经度的故事

[美] 索贝尔

在我还是个小姑娘的时候,有一次我爸爸在星期三带我出去玩,给我买了一个带有小珠的铁丝球。我很喜爱这个玩具,把它放在掌心之间,可以叠成一个扁平的环,猛地把它抛开,又可以形成一个中空的球。如果玩得好的话,它会像一个小小的地球,它的线结在一起,几个交叉的圆,这就好像我在教室里看到的地球仪上那又黑又细的经纬线一样,几个彩色珠子点缀在线上,就像深海上的航船。

▲ 洛克菲勒中心的阿特拉斯铸像

爸爸驾着我沿第十五大街来到洛克菲勒中心,驻足凝视那一尊肩负天地的阿特拉斯铸像。

阿特拉斯把一个青铜球高高扛起,这个铜球像我手上的铁丝玩具一样是一个中空的球体,并且也是由虚拟的线组成,这些线代表着赤道、黄道、南北回归线、北极圈以及本初子午线。虽然当时我还很小,但我已经知道这个球体上的方格就代表着地球上真实的陆地和水域。

今天,这些经纬线统治世界的权威,比我四十多年前所能想象得到的更大,因为不管它们下面的世界格局怎么变化——或者是大陆在广阔的海洋上发生了漂移，或者是以战争或和平的方式对国家的版图重新进行了划分——而这些经纬线却纹丝不动。

很小的时候，我就知道经纬度之间的区别。纬线或纬线圈，是一系列的绕在地球表面的同心环，从赤道到两极，同心环的半径逐渐变小；而经度则是另外一种情况，经线是通过两极的一些大小一样的大圆，它们交于地球的两个极点。

在古时候，至少是在基督出生前的 300 年，人们的头脑就已经有了经线和纬线的概念。公元 150 年，制图家兼天文学家托勒密已在他的第一本有 27 幅地图的世界地图集里绘上了经纬线，在这本具有划时代意义的地图集中，托勒密还按字母顺序对所有的地名进行编排，并标出他根据旅行者的记录得到的各点的经纬度，不过托勒密本人也只是在凭想象识别大千世界，在他那个时代甚至普遍存在着一个错误的认识，说是住在赤道上的人会因可怕的炎热而变成畸形。

托勒密把赤道当作零度纬线。这不是他个人的武断，而是前人根据天体

科学是美丽的

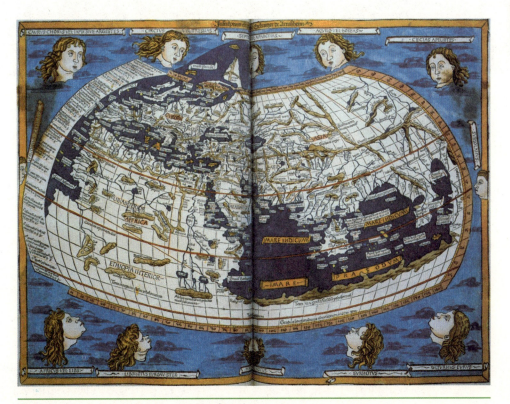

▲ 托勒密地图 1300 年复制品，图中标有经纬线。

▲ 幸运群岛。托勒密将幸运群岛作为零度经线。

运行的观察结果从大自然中得出的权威性结论。太阳、月亮和行星都从赤道的正上方通过，与南北回归线一样，其他主要的纬线圈的位置也是由太阳决定的，在太阳每年的运行过程中，南北回归线标志着太阳视运动的南北界限。

不过，托勒密可随意地按照他喜欢的方式选取零度经线。他把通过非洲西北海岸外海的幸运群岛（Fortunate Islands，现在称为加那利及马德拉群岛）的经线定为零度经线。后来制图者们先后把本初子午线移到了亚速尔群岛、佛得角群岛以及罗马、哥本哈根、耶路撒冷、圣彼得堡、比萨、巴黎、费城，还有其他的一些地方，最后本初子午线定在了伦敦。由于地球是在自西向东自转着的，两极间的任何一条经线都可以作为其他经线的起始参考线。因此，本初子午线的设置纯粹是政治问题。

经线与纬线之间有着真正核心的差异——程度上深于线条方向不同的表面差异。连孩子都知道纬度的零度位置由自然规律决定，而经度的零度位置就像计时沙漏中的沙子一样是在变动的。这一区别使得确定纬度就和孩子们做游戏一样简单，而确定经度，尤其是在海上确定经度，却难倒了所有的成年人。这一问题曾使人类历史上最聪明的人都束手无策。

任何一个称职的水手都可以根据白昼的长度、太阳或地平线以上人们所熟悉的参照恒星的高度来测出纬度。1492 年，克里斯托弗·哥伦布"沿纬线航行"，循着一条直线横穿了大西洋。毫无疑问，如果不是美洲大陆挡在中间的话，按照这种航行方法，他肯定能到达印度。

相比之下，经度的测量

▲ 格林尼治天文台 0 度经线（又称本初子午线）。

与时间相关。在海上确定经度，一个人在同一时间里，不但要知道船上的时间，而且还要知道出发点港口或者已知经度的其他地点的时间，两下里的钟表时间可以让导航员将时间的差异换算成地理的差距。因为地球在 24 小时内自转一周 360 度，因此每小时可以转 1/24 圈即 15 度。因此船只与启程点的每一小时时差，就表示了该船或东或西航行了 15 度的经度距离。每天在海上，太阳位于天空最高点的时候，导航员就把船上钟表的时间拨为当地正午时间，然后与出发点港口的时间相对照。两种时间每差一小时，就可以换算成 15 度经度。

同样的 15 度经度与船所航行的距离是相关的。在赤道处，地球周长最大，15 度足足相当于 1000 英里的距离，但是，从赤道往南往北经度每度的里程值递减，全世界经度的 1 度都等于 4 分钟，而相对于距离来说，1 度所表示的距离会从赤道处的 68 英里减小到两极处的零英里。

同时确知两个不同地点的时间——这一测定经度的先决条件，在今天可以通过任何一对廉价的手表，就能如此轻易地达到——在当时那个使用摆钟的时代是完全不可能的事情。在颠簸的船的甲板上，这样的钟会时快时慢，甚至完全停止运行。从寒冷的启程国到热带的贸易区，途中温度的自然变化会使钟表上的润滑油变稀变稠，而且还会导致金属部件的热胀冷缩，这都会造成灾难性的后果。另外气压的升降以及不同纬度处地球重力加速度的微小变化，也将对摆钟的快慢产生影响。

在探险时代，尽管有最好的海图及罗盘，但由于没有切实可用的确定经度的方法，即使是再伟大的船长，也曾在海上迷失过方向。从伽马到巴尔沃亚，从麦哲伦到弗朗西斯·德雷克爵士——他们所到达的"目的地"已经由不得他们的意愿，更多的只能归因于幸运或上帝的庇佑。

由于有越来越多的船只在海上航行，他们在海上征服或者是开辟新的领土，或者是挑起战争，或者是在不同国家之间运送黄金，因此各国有大量的财产漂在海上。然而，没有一艘船拥有可靠的方法以确定其位置，因此，有大量的海员，当他们的终点在海上突然出现的时候，他们都措手不及，由于船只触礁而死于非命。其中有一件这样的事发生在 1707 年 10 月 22 日，在英格兰西南端附近的锡利群岛（Scilly Isles），4 艘归国途中的英国战舰在此触礁，近两千人因此丧命。

在 4 个世纪的时间里，整个欧洲大陆都在积极寻求解决经度问题的方法。欧洲列国的君主们都曾在经度的故事里扮演角色，著名的有英国的乔治三世

◀ 哈里森

及法国的路易十四。远洋航海家如"邦蒂"号的船长威廉·布莱,以及在夏威夷突然丧命之前曾三度进行远洋考察试验的著名环球航海家库克船长,他们都曾带着很有希望成功的测量经度的方法,到海上去检验它们的可行性和精度。

著名的天文学家也开始考虑运用天体的运行规律来迎接经度挑战。伽利略、卡西尼、惠更斯、牛顿及哈雷都一直求助于月亮和星星以解决经度问题。为了通过天文观测测定经度,巴黎、伦敦、柏林都建起了规模宏大的天文台。与此同时,知识水平较低的人则建议,凭借船上受伤的狗的吠叫,或

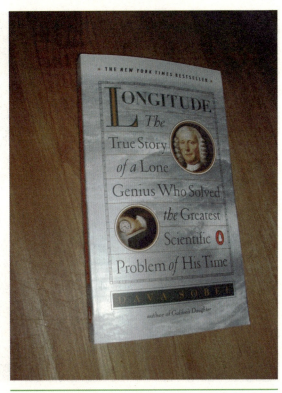

▲ Longitude 英文原版封面

者在广阔的海面上定点抛锚停泊的信号船上的火炮轰鸣,来传递时间信息。

在为确定经度而奋斗的过程中,科学家们发现了其他一些奥秘,这些发现改变了他们的宇宙观,其中包括精确测定地球重量、星际距离以及光速。

时光流逝,成功的方法始终没有出现。寻找解决经度问题的方案,同寻觅青春泉、发现永恒运动的秘密和炼铅成金的秘方一样,具有了传奇的色彩。海洋大国如西班牙、荷兰以及意大利的一些城市国家为了找到一种可行的方法,不时掀起寻找经度解决方案的热潮。英国国会在它著名的 1714 年经度法中设立一笔巨额奖金(相当于今天的几百万美元),以征求"切实可用"的确定经度的方法。

英国的钟表匠约翰·哈里森是一个机械方面的天才,他是制作便携式精密计时器的先锋,并为此贡献出了自己的毕生精力。他实现了恐怕连牛顿都不可能实现的东西:他发明了一台钟,这台钟就像一个永不熄灭的火炬一样,能把真实的时间从船出发的港口带到世界任何一个遥远的角落。

哈里森,这个出身低微智力高超的人,曾经和与他同时代的有影响力的

1770 哈里森制作的最后一台航海钟

人物数次交锋。他与第五任皇家天文学家马斯基林牧师大人结成了特殊的仇敌。马斯基林认为那人人都渴望的奖金他也有份儿,在某些关键时刻,他使用的手段可以说是奸诈行径。

哈里森没有受过正规教育,也没有从师于任何钟表匠,然而他却制作出了一系列免润滑免清洗的、差不多全无摩擦的钟表。这些钟是由防锈材料制成的,不管它们周围的环境如何颠簸摇晃,其运行部件之间都保持着极好的平衡。他不用钟摆,而是把不同的金属结合起来用在他的钟上。这样,当一种金属成分由于温度变化而膨胀或收缩时,另一种金属会抵消这种变化,从而使钟表保持恒定的速率。

然而,他取得的每一步成功却遭到科学名流们的排斥,他们不相信哈里森的魔术盒。控制着经度奖的发放的人们——马斯基林也是其中的一员——随便在他们认为合适的时候更改获得经度奖的条件,以便于天文学家获奖,而不想让哈里森之类的"工匠"获奖。但是,哈里森的钟表凭着它的精度和可用性最终取得了胜利。哈里森的后继者们对哈里森的复杂、精巧的发明进行了重新设计,从而使它能够批量生产并得到广泛应用。

40年之后,年迈的哈里森终于在国王乔治三世的翼护之下,在1773年获得了本应属于他的奖金。在这40年里，哈里森经历了政治斗争，国际间的战争，学术上的攻击，科学上的革命以及经济上的动荡。

所有的这些事情，以及更多的其他事情，都和经度的历史交织在一起。虽然，在今天的时代，我们通过同步卫星定位系统，须臾之间可以在误差范围仅几英尺的程度上为轮船定位，我们还是想追寻经度问题的历史踪迹，再一次审视我们的地球。

阅读提示

选自《经度》，汤江波译，海南出版社2000年版。

在科学史以及航海史上，对于经度的准确确定，既是一个重要的科学问题，也是一个具有极大实用价值的应用问题。但这样一个问题的解决，却曾在很长的时间里一直是一个令众多科学家一筹莫展的难题，英国政府甚至还曾悬赏20000英镑征求对这一难题的解决，但最后，真正解决了这一难题的，却是一个名不见经传的小人物。

如愿以偿跟随大师

[美] 惠 勒

当我谈到希望和玻耳一起工作时,大多数朋友都积极地鼓励我,同时也充满了敬畏之情,就如同在 1523 年仍然默默无名、乳臭未干的雕塑家提到他的意愿是希望能找到米开朗琪罗并与他共同工作一样。有一次我在纽约大学和布赖特的研究小组里一位较为年长的博士后研究员霍尔(Harvey Hall)谈到原子吸收辐射性的理论之时,我说:"如果能和玻耳谈到这个论点那该有多好啊!"

"你要先成为一位成熟的理论物理学者,这样和玻耳对谈时才能有较大的收获。"霍尔回答。

我并没有因为霍尔的一小盆冷水而打退堂鼓。哥本哈根应该是个正确的地方,玻耳也是正确的人选,他们能够让我深入探究量子的神秘现象。这条道路可以引领我去发现自然的基本定律,让我极度兴奋。布赖特鼓励我并为我向玻耳美言,于是玻耳同意收留我。最重要的是 NRC 也批准了我的第二年

美国物理学家约翰·惠勒

奖助金，我的丹麦语没有白学（在哥本哈根只有在研究院之外才用得到丹麦语，研究院内的主要语言是德语与英语）。

就在我抵达哥本哈根之前不久，玻耳在一次船难事件当中丧失了他的长子，17岁的克里斯帝恩（Christian）。他要从这个打击中恢复是相当困难的。当时他还是继续工作，还是让研究院里的每个人保持忙碌。不过好几个月以来，他的言谈举止却是心不在焉且显得有些压抑，我们也很少看到他幽默与活力的一面。玻耳是一位思想家——实际上是一位冥想者——不过他的体格相当健壮，这或许是他早期超

▲ 哥本哈根学派领袖尼尔斯·玻尔

凡运动成就的成果。在许多丹麦人的眼里，玻耳在足球场上的功绩和他的物理学成就一样著名。他比我高不了多少，肌肉还是一样健壮，不过已经不再苗条。他骑脚踏车上班——就一个到处都是脚踏车的都市而言并不稀奇。有一天，在我到达哥本哈根之后不久，我骑脚踏车到研究院途中，看到一位工人把建筑物前面的一片蔓藤植物拉下来。我逐渐接近，却惊讶地发现那个工人正是玻耳，这可能是他试图从丧子之痛恢复过来的个人疗法。

全世界所有的实验室与研究院都知道玻耳的一些怪癖。他总是携带烟斗，也常会将其点燃，不过却总是很快就让它熄灭。还有他喃喃自语的说话方式，每个人都要竖直耳朵才能听到他在说些什么。玻耳总是让人觉得他看起来就像是一个沉思的人，是一位相当沉溺于思考的人，他也努力表达他的思考结果。还有他经常在房门口漫步、兜圈子（据说后来当他在洛塞勒摩斯发表演说，结束之时，他全身已满是缠绕的麦克风电线，让他无法再兜圈子了）。

如果研讨会上有另一位讲员在发表谈话，玻耳会静静地坐上15分钟。随后如果那个主题引起他的注意，他就会逐渐从被动的听众角色转变成为主动的参与者。首先，他会提出一个问题，接着他会起身发表较长的观点，接着在讨论会快结束的时候我们或许会发现玻耳已经走到黑板前面，而原来的讲员则在旁倾听，并且试着插上一两句话。他和我私下讨论的时候也是采用类似的方式。我会开始谈论我所进行的工作事项，玻耳会以一种事不关己的态度说，"真是漂亮"或"很有意思"（你必须先弄清楚玻耳的意思。"真是漂亮"的意思是"大概对吧，不过大概也不太重要"。"很有意思"的意思是"倒还不算完全没有意义"）。随后玻耳很可能会在某一点上切入，也就是我所说的某件事情激发起他的兴趣，我们就会针对那一点进行热烈的讨论；如果我没有再提到任何能够激发他兴趣的论点，那么这场短暂的讨论就会止息。

玻耳就是以这种对话的方式来促成物理学的进展。他可以在办公室里与博士后研究员单独对话，或在研讨会讲堂上与一群团体进行讨论。他总是喜欢至少有一个人在场，即使他完全迷失在自己的思绪中也没有关系。不过当

▼ 丹麦首都哥本哈根

他希望发展并检视一个概念的时候，他就需要一位能够和他将那个概念反复检视，往返挑战的谈论对象。卢森费担任这个角色数年，玻耳的儿子艾奇（Aage Bohr）也是如此（这些讨论对象本身都是一流的物理学者。卢森费对理论

▲ 尼尔斯·玻尔和爱因斯坦在一起。

物理学作出重要贡献，而艾奇则由于原子核结构的研究成果而获得诺贝尔奖）。有一天早上在上班途中，我看到尼尔斯（老玻耳）与艾奇（小玻耳）坐在汽车里头，他们也是在前往研究院途中。老玻耳坐在驾驶座上和他的儿子热烈讨论，并作出各种动作。我了解玻耳，我觉得他完全忘记了他正在开车。我祈祷他会安全抵达研究院（他是抵达了）。

玻耳从来没有对任何人恶言相向，也总是能够对于任何人的工作成果提出正面评价，不过他希望哥本哈根的客席研究员能够遵循研究院的习惯，使用询问与研究的对话方式，并能够完全尊重其他人的观点。我在那里的一年期间有两次看到研究员过度以自我为中心，玻耳也觉得他们过于自大。就这两个例子而言，玻耳都是悄悄地安排让这两个人到其他的研究院上任。虽然我并不是完全肯定，不过我总是在怀疑玻耳曾经和玛格丽塔谈到这些让人烦恼的个案，并依她的建议来处理他们的问题。她对于研究院里的人员及彼此之间的互动具有敏锐的观察能力。玛格丽塔的身高与我相当，举止像是一位公主。她的身材修长，面容姣好，有一头中分的棕发。她诞生在北欧，出身于冒险世家。她的近亲曾经前往各地探险，包括格陵兰、北极，以及南极，还有教育家及政府官员。她是荣誉之家的女主人，那是由皇家丹麦学会（Royal Danish Academy）的卡尔斯堡基金会（Carlsberg Foundation）提供给玻耳的豪宅。她让研究院的生活显得多彩多姿。她对我相当友好，也对我本人及我的婚约相当感兴趣。随后珍娜特与我更深入了解这个人之后，就更钦佩她的判断能力与体贴入微的心思。

在20世纪30年代很少有著名的物理学者不曾在玻耳的研究所待过。剑

桥的狄拉克也是曾经来访的学者之一，他是经由玻耳过去的授业恩师卢瑟福的推介而来。狄拉克的寡言和他的绝顶物理学成就一样著名。狄拉克抵达哥本哈根一段时日之后，玻耳告诉我他在一次会议上碰到卢瑟福，他对卢瑟福说："这个狄拉克，他似乎对物理学知道得很多，但是他总是闭口不说话。"

"让我告诉你一个有关于鹦鹉的故事，"卢瑟福回答，"有一次有个人在宠物店里买了一只鹦鹉并想要教它讲话，那只鹦鹉不肯开口。于是那个人将鹦鹉带回店里要求调换并向店经理解释，他希望有一只会讲话的鹦鹉。他将那只新的鹦鹉带回家，可是运气不好，它还是不肯开口。于是他很生气地回到店里找经理，说：'你答应给我一只会讲话的鹦鹉，但是这只鹦鹉还是一句话也不肯说。'经理停了一下，接着用手敲一下自己的头，并说：'喔，对啊！你先前是要一只会讲话的鹦鹉。很抱歉，我给你的是会思考的鹦鹉。'"

由于玻耳的风格及他在哥本哈根所扮演的启迪与指引的特殊角色，我们

▽ 哥本哈根的尼尔斯·玻尔学院

△ 尼尔斯·玻尔墓

很难知道其他人有多少重要成就是基于他的原始想法而建立起来的。我想应该有很多。在当时或以后的任何时刻里，我都不曾听到他表示后悔有人因为他的想法而出名。至少在他已经成熟的那几年里，他似乎真的不计较个人荣誉。玛格丽塔对这件事则较为敏感，有时候会暗示说是其他人借用她丈夫的想法却没有分享荣耀。而我觉得遗憾的是，玻耳并不重视轻重缓急。我的意思是，他喜欢对于一个主题反复深思，并耐心地修饰细节。一般的物理学者在这种状况下会说："就让我们以现况发表，更深入的细节留待以后的论文再来处理。"

我在哥本哈根的那一年里，有一次玻耳建议普拉瑟（Milton Plesset）与我不要将我们所完成的一篇关于伽马射线（高能光子）与原子核的交互作用的论文公开发表。我们在文中显示应当采用所谓的"因果律原则"（causality principle），也就是说只要我们知道重原子核对于光子的吸收作用，我们便能推演出一个上限——也就是该原子核对于光子所造成的最高程度散射。虽然我们对于那份研究报告感到满意，不过我们还是尊重玻耳的判断，认为研究尚未完备，于是我们便留待未来予以增补改进。结果这次的研究结果从未发表。一年终结，普拉瑟和我也经历了"散射"（前往其他地方）及"吸收"（进入其他的计划）。读者很可能会认为我们是不是在这件事情上对于玻耳有些不满，答案不只是没有，而是完全没有。我们根本没有想过有任何不满之处。

阅读提示

选自《约翰·惠勒自传》，蔡承志译，汕头大学出版社2004年版。

惠勒，著名美国物理学家。在这篇短文中，惠勒回忆了他早年追随物理学大师、丹麦物理学家、量子力学创始人玻耳的一些经历。在20世纪初叶，世界上众多的青年物理学家都曾在玻耳的指导下学习和工作，他工作的哥本哈根一度曾成为物理学家们朝圣的圣地。在这个过程中，也留下了关于玻耳的许多故事。此文中看似平淡的回忆，为人们勾画出一幅科学家真实生活的图景。你曾见过这样的科学教师吗？如果你想成为一位科学家，你希望教导你的老师是什么样子？

▲ 惠勒（左）和其自传的合著者肯尼斯·福勒（右）在一起。

树梢上的女科学家

[美] 洛 曼

> 一个挂满了精心挑选的油画的画廊，对于不了解其历史的人来说，不久就会变得单调乏味；而对于壮观的博物馆的各个大厅，虽然一个对此具有精湛知识的人会对其展品充满兴趣，但仅仅出于好奇的探求者很快也会觉得沉闷不已。森林的魅力会随着我们对其了解的程度和我们揭示其深藏不露的秘密的手段而增长。
>
> ——亚历山大·斯库奇(Alexander Skutch)，
> 《哥斯达黎加的一个博物学家》，1971

我对于林冠生物学的研究已经历了一个循环，这就是从基于地面的观察到先进的技术，再回到简单的工具。1995年5月，我开始了一个激动人心的林冠调查研究工作，但所用的基本工具就是双筒望远镜！

由于对热带树木怀有共同的兴趣，罗宾·福斯特和我决定考察巴罗科罗拉多岛上的林冠情况，那儿的50公顷林地已经引起了世界各地生物学家的兴趣。这一项目起源于1993年我们访问该岛的一次会谈。不可思议的是，尽管对于这片林地中的树已有许多详尽的研究，但却从来没有人考察过20米高处林冠的情况。由于我对附生植物和林冠生物学的兴趣，以及罗宾对于物候学的兴趣及他对于这块林地的丰富知识，我们决定研究这块林地上所有大树的树冠。

对于以一种真正的合作精神在热带雨林中工作的生物学家来说，该岛50公顷的林地（正如通常被认为的）为他们提供了一个独特的机会。即使对于像我这样多年来在遥远偏僻的地方单独进行工作的人来说，我还是非常高兴地看到，在这片林地上存在着大量有关植物统计学及进化史等方面的信息。

这片林地位于巴拿马加通湖（巴拿马中部的人工湖。——译者）中部的一个1500公顷的岛上。该湖是于1911—1914年间，在巴拿马运河的建造过程中，被水淹没所形成的。它是一个半常绿的季节性森林（在Holdridge分类体系中被命名为热带湿林），每年的降水量大约为2500毫米。在12月到翌年

4月份的干旱季节，有许多——肯定不是全部——的树会绽发新叶，也会经历开花和结果。

20世纪70年代中期，罗宾·福斯特和斯蒂芬·哈贝尔决定对热带树木进行数量统计并观察树木种群在时间上表现出的稳定性，以便对热带雨林物种丰富的动态过程作出解释。为了进行野外工作，他们标志和测量了250 000棵树以及直径大于1厘米的树苗。他们在每一棵树干上都贴了标签，并进行测量、鉴定和标记。要记录的信息量是巨大的，同时还要在野外和计算机前耗费大量的时间。根据最后的结果，罗宾报道在这片林地上生存有大约300个树种。由此得到的数据已经改变了我们对于热带森林的看法并且作为一种极为有效的科学工具促进了长远的研究。

我感到我对这块土地享有特权，它就类似于乔·康奈尔的林地以及我在澳大利亚拥有的长远研究基地。罗宾的林地是继乔的林地首次被勘探20年后才进行设计的，但前者的范围更大更规则，并且用的是一种可在其他热带森林

▽ 加通湖

▼ 岛上的生态学研究基地

科学是美丽的

重复的设计方式。

对 50 公顷森林中所有的树进行鉴定并作上标记，所耗费的时间简直难以想象。罗宾曾谦虚地告诉我一些有趣的经历，那就是在数个月中他与他的助手一起，如何在这块林地上到处奔波、勘探和统计所有树干的故事。*Hybanthus sp.*（堇菜科）是最常见的一种灌木，也有 250 000 个个体。今天，这个数据已经带来了有关竞争、病原体、生长、死亡、物候学和热带树木的繁殖等大量的生态学研究课题。

只要有双筒望远镜、笔记本和铅笔就能进行我们的林冠研究——再加上一双能够识别藤本植物、林冠生长情况和附生植物的眼睛。强壮的颈肌也是一笔财富。对于我，一个专业林冠研究人员来说，站在地面上精确地记录在头顶上所看到的一切，确实是一项新的挑战。就像早期那些首次进入热带雨林的博物学家一样，我体验到了作为一个陆地生物的种种不便之处，不能随意地攀爬和考察树梢上的生命。我感到与那些先驱者相似，他们最初从下面观察林冠，并且猜测（有时是错误的）上面复杂的情况。

我不由得想起了德国探险家亚历山大·冯·洪堡（Alexander von Humboldt）的一段探险经历。100 多年之前，洪堡来到委内瑞拉的雨林，他描述了见到林冠植被中的落叶和花时那种狂喜的感觉："看那些树！椰子树长到 50~60

英尺高；金凤花属的植物（*Poinciana pulcherrima*）长有 1 英尺长的花束，鲜红色的花朵美得惊人；香蕉树以及许多长有茂盛叶子和芳香扑鼻的鲜花的树，这些花大小如同一只手掌；还有许多我们对其一无所知的东西……我们发狂似的在森林中匆匆行走；在头三天里，我们不能分类任何东西；我们捡起一个东西，扔掉，又捡起第二个。"

为了用双筒望远镜观察林冠，罗宾和我都喜欢用一星期时间悠闲地把整个森林溜达一遍。第三天，天空下着蒙蒙细雨，我们在树下坐了两个小时，又冷又湿，只见树已被笼罩在薄雾之中，林冠中的宝藏迅速地隐藏在我们潮湿的望远镜之后。地面的工作与天气的关系非常密切！在雨天双筒望远镜是不能用的，因为镜头上会布满水滴。我们坐在一块潮湿的树干上等着雨过天晴，然而，我的行为却惹起了许多沙螨的愤怒，它们叮咬后留下的痕迹在我回到温带好几个星期之后仍未消退。

在经历了最初的颈肌的强烈酸痛之后，我们开始进入了常规工作：步行，检查标签数字，往上看，在地面寻找，再往上看，进行比较观察，并提出问题，对于新的附生植物作形态鉴定，惊奇于罗宾从未注意到的残缺林冠，搜寻失踪的奇特树干，再步行到下一棵树，再次开始，为每一个物种的独特性而欣喜若狂。

某些观察事实确实为我们所遗漏。在这片可作为研究典范的林地上，几乎有一半大树的林冠处于危险之中——要么被藤所缠绕，要么受风暴的伤害，或者是被邻近的树所超越。于是，那种认为一棵齐胸高的粗壮树干能有效保障营养供给的生物学假说应该是错误的。没有一个长势良好的林冠，一棵大树也许就不能产生出丰硕的果实以及茂盛的叶子，最终正是依靠这些叶子，一棵树才能保持旺盛的生长。

岛上的热带湿林

在森林中步行和观察的习性也许是一个野外生物学家最重要的技能。在巴罗科罗拉多岛上的日子，我们就获得了许多足以激发未来研究的观察事实。例如，*Monstera dubia*（天南星科）是一种大量存在的附生植物。这种天南星科植物以前从未被罗宾真正地注意到或观察过，现在我们井井有条的勘探揭示了其幼株和成年植株的广泛分布。

在50公顷的林地上，什么是最常见的附生植物？在这片区域上被更多了解的是树和灌木，但是，它的附生植物却差不多无人知晓。某些附生植物呈零星分布，极为罕见；但有些则呈较为集中的分布。

▲ 藤本植物缠在高大的乔木上生长

兰花（兰科）总是生长在中层林冠的主茎上；罗蔓藤蕨在地面附近沿着树干基部的根肿往下垂；许多 *Maxillaria* 和 *Pleurothallis*（都是兰科）生长在高高的林冠附近，因太远而无法看清，除了它们的轮廓；大的花烛属（天南星科）总是偏爱中部的树干部分，正是在那儿，强烈的光线可以被遮住。

在寂静的散步中，我们常常会被头顶上正在树丛间玩耍的蜘蛛猴和狐鼬（鼬科）所吸引。当单独呆在森林中时，作为人，我们应该懂得如何与所有的野生生命共享森林。

尽管在这片林地上长有300多个树种，但我们经过训练的眼睛还是能看出其间的种种不同。作为一个生物学家，我肯定自己能在一大片绿叶中识别出一个"熟悉的面孔"。堇菜科，最常见的地面灌木，极容易被认出。相反，在整个50公顷的土地上，有21个物种仅仅只存在一个个体。最常见的已长成林冠的树 *Trichilia tuberculata*（楝科），占据了大约整个林地的12%（每8棵树中就有一棵）。尽管由于它到处蔓延，引起了许多研究者对它生态学各个方面的详尽研究，然而，它惊人的生存成功的原因仍不得而知。也许在21世纪它就不会如此普遍！

△ 巴拿马玻璃蛙

在整个新热带，我经常看见羊蹄甲属（Bauhinia sp.，豆科），一个占据了藤本植物、灌木和树木的生境的属。它那不寻常的足形的叶子很容易在地面和林冠中被发现。有一位秘鲁巫师曾经告诉我，在他的村庄，这种植物有一个特殊的用途，就是用于避免生育，另一个用途就是用于帮助生育。这种植物必定有一种令人难以置信的化学性质！显然它在热带生态系统以及文化背景中都具有重要的地位。

与一位生物学家，如已在这个区域呆了多年的罗宾·福斯特，在森林中散步是一种难得的享受。在错综复杂的热带森林中，有这么多的东西可以观察和学习。多年的接触也许才仅仅触及到它的表面，而罗宾自1967年以来就一直呆在这块土地上。在这里，他时而抚摸一棵特殊的树，时而评论几年以前倒下的某一棵树，或是不寻常的昆虫爆发，以及不同物种的开花模式。他极喜爱的物种之一是一种巨大的 Ceiba pentandra（木棉科）树，其直径要超过20英尺，经常被人拍照。罗宾常常嘲笑那些人，他们将梯子架在突出的树干基部的根肿上，爬上去以便估计其直径。

另外一种迷人的树是 Tachigalia versicolor（豆科），叫做自杀树。这种树正如其名字所表明的那样，罗宾观察到它一旦到达成体就开花结果，随后立刻死掉。这种自杀行为似乎成批地发生，常常是一群树同时经历这一悲剧性事件。现在只要看见一棵自杀树在林地中开花，科学家就能预言它免不了一死，随之这里就会出现一个空缺的生境。为什么一棵树会进化出这样一种死亡机制？人们觉得奇怪。也许这是因为它已将所有的能量投资到仅有一次的爆发性生殖行为中，以致在这以后它再不能生存。但罗宾反对这一说法，因为这种树与其他生殖后不立刻死亡的物种相比，并没有体积大得不成比例的种子。与其他树相比，自杀树的开花周期长得惊人，它对于花蜜的投资额也很高。显然，与生殖有关的投资从我们人类中心主义的观点来看，并不总是明显的。

也许有其他重要的原因，例如，当亲代死亡时，就可为子代的萌发提供物理空间。观察表明，自杀树种子的散布范围离成体所在地不会超过 100 米，所以，为新生一代提供最大化的空间似乎就是一个合理的解释。然而在背阴处，幼苗仍长势良好，这就表明，对于成功的成长来说，它似乎不需要过多光线的投入。也许亲代树的缺乏会对子代提供某些其他的好处：亲代树的死亡会造成土壤条件的逐步变化，如促进了根系空间的可用性，或与菌根的结合（菌根是真菌，它与某些植物的根共生，有利于后者吸收更多的水和营养，从而为那些植物提供有利条件）。这些是对这片森林中数百种树种所作的许多设想。显然，要澄清热带树木的复杂模式，尚需付出多年的努力。

50 公顷的林地，对于收获已有的工作成果以及付出投资的机构来说，还仅仅是开始。就像我们在澳大利亚的长远工程一样，这些数据将会随着时间的流逝而变得更加有价值。这些全面的野外工作的目标之一，就是澄清是哪一种因素决定了热带森林中物种的动态过程和达到平衡的方式。平衡概念也许是指一片林地中的树是否存在某种群体层次的稳定性，或者它们是否处于不稳定的状态（意味着这一地方的生境更难于被预言）。哈贝尔和福斯特已经发现在他们林地的动态过程中平衡和不平衡的因素。物种的丰富性部分可被非平衡因素所解释，在这种情况中，有可能发生不断的物种流通。然而，当远离同种树时，幼苗却显示出更高的生存率，表明与密度有关的平衡机制也在起作用。作为我们理解热带森林动力学机制的一部分，将需要更多的数据才能考察平衡与非平衡假说。

在岛上，用我们的双筒望远镜进行考察，结果得到了一个新的概念：必须将基于地面上观察所得到的数据与林冠中考察所得到的结果进行比较，以确定地面观察的精确性。利用步行通道，我们开始做这方面的工作。1996 年，在法属圭亚那，我和罗宾将地面勘查所得到的有关藤本植物多样性的结

▲ 岛上的孔雀蛱蝶

▲ 生活在树冠层的猴子

果与利用林冠飞艇考察（更精确）所得到的结果进行比较。果不出所料，我们发现基于地面的考察极大地低估了藤本植物的多样性和丰富性。我们还计划将基于地面观察所得到的有关附生植物的数目与林冠考察的精确结果作比较。只有到那时，我们才能真正估计在林冠接近作为一种有用的工具被使用之前，多年来所发表的基于地面的考察结果是一种怎样的理解情况（或多么不准确）。此外，我们需要建立林冠研究的长期基地。仅仅只有通过许多年耐心的数据收集之后，我们才能获得森林林冠确切的观察结果。在森林遭受进一步的毁坏之前，我们需要建立永久的野外勘查基地，因为这种毁坏会妨碍对森林物种后代的保护。

阅读提示

选自《树梢上的人生——一个女子的野外历险》，陈蓉霞译，上海科学技术出版社2001年版。

通常，在人们的想象中，科学家大多是男性形象，但是，如果一位女性成功地从事科学研究，而且是在人们颇为陌生的森林的顶部，也就是所谓的在树梢上从事"林冠生物学"的研究，那么就会很有一些吸引力了。在这篇文章中，作者讲述了她在研究中的一些经历，使人们对于科学家从事的这种看似浪漫，但却平凡，甚至有些琐碎的研究有所了解，也看到研究者在这样的研究工作中的享受。阅读这样的文章，是否能够纠正你对于科学研究者在性别上的偏见？你是否能够体会科学研究的乐趣？

Chapter 4

四 科学是美丽的

美与天文学/［美］史莱因
艺术与科学/［英］巴　罗
音乐与数学/［美］罗特斯坦

美与天文学

[美] 史莱因

> 为了阐明这篇简述绘画文章的要旨,这里先交代一些我从数学家那里搬来的与本文有关的内容。
>
> ——阿尔贝提
>
> 我这里有答案:这个行星的轨道是一个完美的椭圆。
>
> ——开普勒

在整个欧洲,上自大学,下至酒馆,哥白尼的日心理论成了人们争论的中心。由于伽利略对相对运动的研究,哥白尼的反对者大多闭上了嘴巴。但是,有一个重要问题仍然没有得到解决。哥白尼——他也是一位出色的数学家——自己的日心理论中要加进大量的一个圆套着另一个圆的环圈结构,才能使观测到的各行星的运动轨道与这一理论达到一致。对哥白尼理论的最后一个也是最大一个严重阻碍,就是这一体系过于复杂,不像是神明的大手笔。批评家们指出,要使自己的理论同观察事实相吻合,哥白尼体系需添加比托勒密体系更多繁复的本轮、均轮。就这一点而言,哥白尼体系不是对托勒密体系的改进,也不如后者容易被人接受。

认为宇宙中的天体无论在形状

▲ 位于波兰的哥白尼雕像

▲ 哥白尼的日心说体系

上还是在运行轨道上都是完美的圆形，这其实是步了古希腊人有关经典形体的后尘。哥白尼固然有先进的思想，但也深受柏拉图的影响，因此认为存在于太阳系中的星体，必然都是在标准的圆形轨道上运行的完美几何球体。在哥白尼看来，也在当时的其他任何人看来，神明所设计的世界，只能由最纯正的几何形体组成。时至今日，与古希腊的完美形体脱离的时候已经到来。只有这样，人们才能充分赞赏开普勒的睿见。

公元前6世纪的毕达哥拉斯是第一位着眼于自然而非神祇的思想家。他深深地认识到，大自然给出的解答，总是寓于几何学或其他数学概念之中，而这些概念或其引申，都反映出内在的对称与美。他在音乐的悦耳和声中发现了各基音间的数学关系。他发现的普适于空间和时间各处的有关直角三角形的定理，都激励后世的哲学家去崇拜完美形体的内在美。这些人对于对称的热衷，已经发展到了执迷不悟的程度。有理数也成了这些人的崇拜对象。当毕达哥拉斯发现无理数后，他们竟认定无理数是"丑恶的"，理由是因为它不完美。这帮跻身于数学界的人士竟像宗教界大人物那样立下一条"帮规"，责令任何人不得向外人泄露这种无理数的存在。

柏拉图对毕达哥拉斯是极为尊崇的。他最明确地支持毕达哥拉斯的宇宙观，并鼓励别人也都这样做。他使这样的观念广为人知，即世界的无数各种形状的物体，实际上是由有限的几种理想的基本形状形成的。位于其哲学学说中心位置的，是这样几种形状：正圆形、正球形、正立方体、正四面体、正八面体、正十二面体和正二十面体。柏拉图的完美形体概念，加上借助于欧几里得几何学形成的严密的组织空间的自洽体系，演化成为一种新的观念，即构筑成宇宙的这些理想形体并代表着真、善与美。这些理想形体的美与和谐，支持了这个学说，并增加了完美形体对古希腊人在精神上的催眠作用。

亚里士多德赞同柏拉图认为宇宙的基础是纯几何形体的观点，但在其他方面则比自己的老师切重实际。当亚里士多德仰视苍穹时，他见到的是完美的球形物体。太阳和月亮都具有柏拉图的理想形状，他便根据这几个显见的事实推广自己的理论。为了解释世界上的运动是如何开始的，他提出了一个十分复杂的、由球体一个接一个地在其他球体内部运动的体系，这样一来，所有球体各自都沿着完美的正圆形运动。

这四位思想家——毕达哥拉斯、柏拉图、亚里士多德和欧几里得——对西方世界的后人在思想上都有着高屋建瓴的影响。所有哲学流派莫不开宗明义地引证柏拉图和亚里士多德，欧几里得的几何今天仍原封不动地在学校里讲授着，毕达哥拉斯的数学也一直是现代教育的重要一环。

这几位早期的思想家固然很深刻，但他们太过执著于几何形体的普遍对称，致使椭圆、抛物线和双曲线被入了另册。这三种曲线属于另外一种几何学，即研究圆锥截面的几何学。欧几里得倒是也写过一本有关圆锥截面的书，但没能流传下来，我们只是从阿基米德在自己的著作中引证了该书才得知它曾经存在过。我们也知道，这本书当时并不像他的《几何原本》那样为人广泛阅读和知晓。

我们日常对椭圆、抛物线和双曲线的接触，其实要多过圆球、立方体或棱锥体，可是，圆锥截面这一课题却沉睡了 1500 年。乔托是第一个再度使人们对这一神秘的几何学领域加以注意的人。他认为应当通过圆柱体和圆面来画出圆锥截面，这样便能在运用透视原理时把它们准确地画出来。若是从并非通过圆心并垂直于圆面的角度来看，圆就成了椭圆。由是，出于艺术的需要，乔托把柏拉图的完美形体弄变了形，而这是对视向感知科学的重大贡献。

其他艺术家也开始仿效乔托的尚未成熟的有关三维投影的方法，但总

位于希腊的毕达哥拉斯雕像

科学是美丽的

△ 丹麦国王将哥本哈根海外的 Hven 岛赐予第谷，第谷在岛上建立了乌拉尼堡，进行天文观测。观测资料后来为开普勒利用，发现了著名的行星运动三定律。

赶不上这位意大利老师。他们需要得到指导原则，以解决复杂的透视学投影问题。阿尔贝提发表于 1435 年的关于透视原理的文章既属于几何学，也同样属于美术。在他之后发表的又一部关于透视法的权威性著作是 70 年后（1505 年）问世的，作者名叫珀勒林（Pelerin of Toul），但更多的人叫他维亚托（Viator）。在 1525 年，又有一位姓丢勒（Albrecht Drer）的人完成了一本全面论述透视原理的专著。所有这些艺术家兼作家的论述的基本观点，就是画家的画布这个平面，无非就是对会聚到瞳孔的由视线形成的锥体的一个截面。

在乔托有关锥体截面的精辟见解之后又两个半世纪，丹麦天文学家第谷（Tycho Brahe）精确地记录下了行星在夜空游荡的路线。第谷是一位性格多彩的人物，而且装了个黄金打制的鼻子——在年轻时的一场决斗中，他的真鼻子鼻尖被对手割掉了，为了能以符合他贵族身份的方式加以弥补，他便找了个金匠来解决。除了金光闪闪的鼻子，第谷还有敏锐的视觉和不懈的耐性。他的多数夜晚是在天文观象台里度过的。他死后把观测记录遗赠给了住在观象台里的天文学家开普勒（1571—1630）。

对于哥白尼的日心理论，开普勒直觉地相信它是正确的。但他无法解释，为什么第谷对行星运动的精细观测结果与这一理论并不一致。他花了多年时间，试过别种解释方法，最终得出的结论是：认为上帝只用正圆周和正圆球设计宇宙这一看法是个教条，应当予以摒弃。在这一点上，开普勒同先人哥白尼一样，采取了艺术家的改变视点的方法。他设想自己是位于火星上，并以那里为基点重新考察地球的运动。这一活动让他进行了 900 页的计算，终于得出了惊人的结果，即行星的运行轨道是椭圆。他把自己的这一结果写信告诉一位朋友兼同行，朋友回信对开普勒说，这个看法是"荒诞"的。对此——把没有根底而且偏心的椭圆引进上帝的完美创作，开普勒向朋友表示歉意，不过，他说自己的看法是"用一车垃圾换掉一堆大得多的垃圾"。他勇敢地认为，上帝也是尊重抛物线和双曲线的。他忘我地钻研圆锥曲线，终于掌握了解决这个问题所需的知识。说来有趣，在这个课题上，科学家现在需要引证艺术家写下的东西！

开普勒的卓越见解——它们被称为行星运动三定律——像霹雳般在科学界炸响了。当这三个定律被用于各个行星的轨道上时，所有复杂的托勒密逆行、所有精密策划的本轮和均轮，便统统消失了，留下来的只是每个行星有一个环绕太阳的简单而明确的椭圆形轨道。这样的轨道都各有两个焦点，因此不但形为椭圆，而且位置是偏心的。开普勒就这样解开了天界之谜。有了开普勒三定律和伽利略的理论，哥白尼的信奉者扫清了日心说的所有残存的反对观点。开普勒欢欣鼓舞地写道：

> 至于我的成果是现在就有人读，还是将来我死了之后才会如此，我并不在乎。上帝等待观察者等了6000年。我等读者也等得起一个世纪。我是胜利者。为了给我的上帝修造殿堂，我偷取了埃及人的黄金器具。我心甘情愿地致力于这种神圣的癫狂努力。

开普勒三定律发表于1618年，时值乔托出自直觉提出精确描绘自然的关键是锥体截面后300年，以及阿尔贝提提出包括锥体截面基本知识在内的透视原理的有关细节后将近200年。法国数学家德萨格（Gérald Desargues）曾出于好奇而研究过所谓"时代精神"是否存在。在此过程中，他于1639年发现了一条几何学定理，由此一举揭示出投影几何学的复

乌拉尼堡

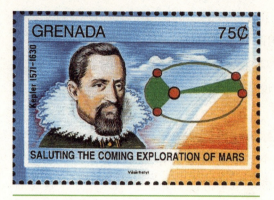

▲ 纪念开普勒的邮票

杂性。这条新几何学定理与透视原理的精确表述有关，它容许两条平行线相交于一点。该定理——它以他的姓氏得名——澄清了有关锥体截面的数学问题。在德萨格发现这条定理之前，文艺复兴时代初期的科学家中曾有人私下里悄悄问过欧几里得那条惹麻烦的第五公设是否可信。这第五公设要比前四条都复杂，说的是平行的直线无论怎样延伸也不会相交。在该时期的艺术家看来，两条位于三维空间内的直线在被投射到二维平面（比如画布）上时，就不再是平行的，而是会在地平线那里相交于一点。这个点名为没影点。对今日的读者来说，这一观察结果似乎太显而易见、也太琐屑了，但对 15 世纪的艺术家来说，没影点却被立为风景画创作的一个重要因素。该概念中还孕育着一个有关自古希腊古罗马时代以来便困扰着思想家的概念——无限。无限这一概念后来成为科学大厦中的基本构成之一。

艺术家对无限与没影点的兴趣要比笛卡儿提出无限的空间早了几百年。艺术家比科学家更早地认识到观者处于绝对静止位置的重要性，更早地意识到锥体截面的重要性，更早地解悟到没影点应位于无限处。在中世纪和在文艺复兴时期，富于直觉的艺术家仍同以往一样，走到了长于分析的科学家前头。

阅读提示

选自《艺术与物理学——时空和光的艺术观与物理观》，暴永宁等译，吉林人民出版社 2001 年版。

从古代希腊开始，直到哥白尼的时代，人们对于天体的认识，一直与对于美的认识和追求不可分。这篇文章结合着几何学（特别是圆锥曲线）、天文学和美的观念，对立进行了有趣的讨论。那么，美与自然究竟是什么样的关系呢？

艺术与科学

[英] 巴 罗

几千年以来，有关世界的科学观点一直集中于自然的简洁性和规律性。我们发现那些规律性存在于支配我们周围事件的规则之中。世界充满了复杂的结构和奇怪的事件，这些都是几个简单对称的法则造成的结果。我们知道，这是有可能的，因为自然法则的结果无需拥有法则本身的对称属性。各处各时的法则都可能相同，而其结果却不一定相同。这就是宇宙如何从简单之中创造复杂的方式。我们可以谈论寻找一切事物的理论，却无法理解一片雪花，也就是这个原因。

直到最近，像物理学这样的科学还在强调世界的法则与规律性的推断和确

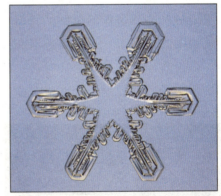

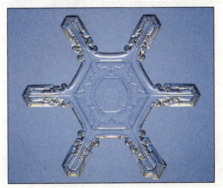

雪花

认。对科学的讲授建立在可以用纸笔来处理的、简单的、可解决的问题的基础上。自20世纪80年代初以来,这种情况发生了变化。小型廉价又有强大功能的计算机出现了,它们具有丰富的相互作用的图表,这使得可以对庞大复杂而又混乱的情况进行观测研究。随之也产生了实验数学。通过编制计算机程序,我们可以利用计算机模拟复杂系统的进化,并研究、调整和重现这些系统的长期行为。人们甚至可以建立遵守自然法则的不属于我们的虚拟世界,并进行探索。通过这些手段,对混乱和复杂的研究成了科学内部的一个亚文化群。由于越来越认识到在一个许多竞争因素都起作用的环境中,情况是相当复杂的,因此对简单的,可以得到答案的科学问题的研究范围也得到了扩大。最初的研究对象是在环境中通过自然选择而得以演化的系统,该系统的演化反过来又以十分复杂的形式改变着它的环境。从这些研究中最早发现的一个成果是无序行为的普遍性——这种行为具有对细小变化极微妙的敏感性,致使任何对其当前状态的忽略都会导致在很短的一段时间后,对它状态的完全忽略。天气预报就存在这样的问题。我们不擅长于预报明日的天气,这是由于我们对今日天气状况的忽略,而不是因为我们不了解天气系统如何变化。通过和自然事例的接触,我们对无序行为之差异的认识日趋成熟,新的事物也随之出现了。人们发现混乱和次序同时存在于一种奇怪的共生现象之中。假设有一个非常大的计时器,沙子在其中一粒一粒地下落,形成了一个不断增大的沙堆。这个沙堆是以错误的方式聚积起来的。各种大小的沙粒都掉落下来,其作用是令沙堆的整体倾斜度在濒临倒塌的边缘保持平衡。这种自我支持的过程被其发现者贝克(Per Bak)称为"自我构成的临界"。在显微镜下这种过程是杂乱无章的。如果沙子没有任何特别之处,比如令某种规模的崩落比其他规模具有更多或更少的可能性,那么崩落发生的频率就同控制其规模的某种数学力量成比例。在许多像地震那样的自然系统和像股市猛跌那样的人工系统中,一系列具有局限性的过程结合起来就以这样的

自我构成临界

方式保持着一种平衡的外观。次序在很大程度上通过许多杂乱无章的小规模事件的结合得以发展，这些事件都在不稳定的边缘徘徊。沙堆总是在临界处平衡的，下一次崩落可能是任何规模，然而其作用是保持沙堆的一种明确的整体倾斜度。地球上生命的延续也可以用这种情况来描述。生物链保持着整体的平衡，这一平衡由热力学

▲ 鹦鹉螺的螺壳边缘形状是数学中一种著名的曲线，叫做对数螺线。

第二定律支配，这就像我们在第三章中看到的那样，尽管灭绝、栖息地的变化、疾病和灾难会不断产生影响，并结合起来，从而产生局部的"崩落"。偶然的生物灭绝产生了新的功能，并令变化性再次蓬勃发展，直至平衡暂时得以重建。生物世界平衡于临界状态之中的景象是自然最微妙的折中办法，在这种临界状态中具有局限性的混乱维持着全球的稳定性。复杂的适应系统蓬勃发展于决定论的不变性和混乱的无常变化这两者之间的腹地。在这里，适应系统得到了两个领域中最好的东西：从混乱之中出现了大量选择物，供自然选择筛选，而决定论的方向设定了一个清晰的整体路线。

　　我们对这些观点的介绍是为了强调关于世界的科学观点的变化。科学一向强调藏在外表下面的规律性和共性。对"法则""不变性""恒量""等式""解答""周期性"和"原则"的探求，就是古典科学的要素。模式是最重要的东西。收集蝴蝶、植物，列出天空中所有的星星：这些都很好。但它们不是科学活动，除非它们试着弄清其发现的事物的意义，并通过预测它们将来会发现什么而从无意义之中梳理出意义。这种在将现在和未来、过去联系起来的普遍法则的假设之中，对简单和秩序的探求在过去300年中指导了科学的发展。然而复杂性并不这么简单。只有用新技术开始研究复杂性后，科学才将其注意力转向解释变化性、不对称性和不规则性的问题。

　　如果我们对世界的看法从科学观点转向艺术观点，我们会发现一个有趣的对比。科学通过探求共性和模式取得发展，而艺术却崇尚变化性，并拒绝试图将其活动约束在规则和公式之中。艺术是自然的不可预测性和非对称性

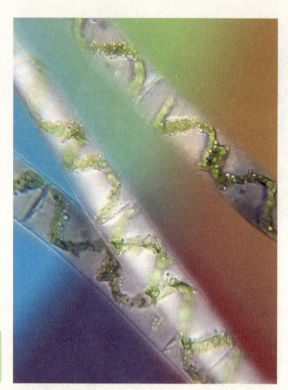

▲ 显微镜下的绿藻

的最终表现。难道还有什么东西比人脑的某些想法更混乱而不可预测吗？要找出创造性活动的模式是非常棘手的问题，以至于几乎没有人尝试着找过。如果人们不观察科学和艺术，却观察科学家和艺术家，就能发现这一区别。有两类人：求同性思维和发散性思维的思想家、专家和多面手，两类人相同的地方很少——这些名称反映了我们所说的差别。

我们还要得出一个最后的教训。科学已将其过去的范围扩大，超越了秩序和对称，从而包含了多样性和不可预测性，但人文科学还必须将共性和模式的全部力量视为解释人类创造力的一种趋同因素。科学对于自然的观点必须调和自然之中简单与复杂两个方面，科学已开始重视这一点，而艺术和人文科学也必须重视从自然的规律性之中得出的教训。收集变化性的例子是不够的：需要研究和调和的是变化性和普遍行为的共存。

没有一种大脑曾是白板一块。我们来到这个世界上时，大脑就拥有一种学习的内在天赋。我们学什么；我们怎样学；我们注意什么；还有我们知道，但从没学过的——这些东西都以微妙的方式见证着我们的过去。创造力并不像其表面那样不受限制。我们的人性起源于远古时的共同经历，当时我们获得的许多本能和习性都是对普遍环境的适应，这些适应造成了我们的祖先要克服的常见问题。我们的大脑形成了敏锐的感觉，这有助于那些问题的解决。现在许多问题都不再明显，所以我们的某些理智和情感成了对不再困扰我们的情况的适应。它们甚至可能妨碍我们。我们可以用学习来详细描述这些遗传的反应，但它们在没有经历的情况下还是（有时候不引人注意地）激励着我们的感情。有时，即便是加上自觉合理性也不能取代这些天赋的本能。花

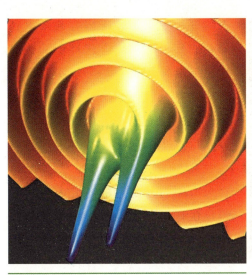

△ 由黑洞产生的重力波

朵的突然绽放或是从极高处看到的风景：这些经历激发起千万年来存留在生存者中的潜在的本能。

我们不是解决各种问题的能手。人类历史选择了发展特定的分析和反应方式。从世界这一最广泛的环境来说，环境的许多特点已经内化成了我们看待世界的心理图像一部分。我们对那些特点的反应已经过了自然选择的筛选。有时我们对指示器和符号作出反应，这些指示器和符号对环境的某种潜在的重要方面只提供一部分线索。在本书中我们讨论了宇宙通过自然力量的必然性将其结构的各方面赋予我们的某些途径，我们也考虑了生物适应环境的需要。优胜劣汰的世界里，人们期望能找到曾经满足其他原始目的的残留的适应痕迹。许多这样的适应都很微妙，它们也引发了一系列奇怪的副产品，某些副产品在决定我们的审美观方面起了一定作用。我们是过去世界的产物，在其中对某些事物的敏锐感觉是生死攸关的事。

过去，人文科学和人类行为的科学一直被它们对人类行为多样性的崇尚支配着。令人类学家感到高兴的是，他们在全世界都发现了新的风俗和习惯，以及不同的做法。共同的因素因为无趣而受到忽视。有时找到要寻觅的东西会过于容易。任何有经验的询问证人的人都知道，找到所需的真相很容易，不是通过编造真相，而是通过只允许他想听的那部分真相出现。这样，将环境、文化和学习视为人类行为唯一决定因素的观点取得了公认的进展。相反，在本书中我们将注意力集中于人类经历的共同因素。我们相信这些因素可能比差别更重要，并且就像科学家在很久以前发

△ 显微镜下的蜜蜂的足

科学是美丽的

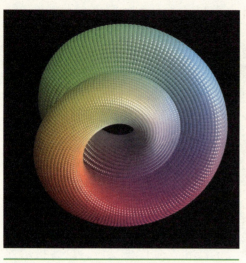

▲ 计算机运用数学公式绘制的图片

现的那样，这些因素研究起来更容易。它们将我们同古代环境的普遍性联系起来，在这类环境中，早在文明和有记录的历史出现之前的漫长时期里就有了生命的进化，它们最终也将我们同宇宙的结构和起源联系起来。对人类行为、人类大脑和人类创造力进行的研究表明我们能很快认识到复杂性，但领会简单性却很慢。很快认识到一致性的科学最终才开始重视多样性，然而创造性艺术对于宇宙统一性的认识——有关我们的感觉的嗜好、激发感觉的视觉和声音等方面——还有很多要了解的东西，而另一方面，科学将对大脑最精妙的发明进行重新研究，从中将发现许多关于复杂的组织系统结构。这就是两种途径的交会之处。

选自《艺术与宇宙》，舒运祥译，上海科学技术出版社2001年版。

这篇文章有某种总论性的色彩，具有某种哲学的思辨性，也关注到科学的前沿进展，分析艺术观点与科学观点的异同，并且强调了创造性的问题。也许，对科学前沿，如系统科学或复杂性研究，以及哲学的思考不太熟悉的读者阅读这篇文章有些困难，但这些讨论却是颇有深意的，也让我们从更加本质的层次上思考科学与艺术的关系。

音乐与数学

[美] 罗特斯坦

> ……久受很高的尊崇，因为它是十指的数字，借此我们可以用来计算。
> ——奥维德

两个世纪以前的一个夜晚，年轻诗人威廉·华兹华斯（W.Wordsworth）和一位朋友及一位牧人向导，准备攀登威尔士的斯诺登山（Snowdon），希望从这里看到日出。这是一个闷气而又温暖的夏夜，雾色低沉，空气湿润。从山

斯诺登山

脚的农舍开始，三人在浓雾中静静无语地向山顶攀去。诗人如平时写作时一样低着头。曙光虽然尚未到来，但诗人脚下的大地已经渐渐发白，随着脚步，越来越亮。还没等去思考为什么亮了，忽然间，诗人就虔诚地叫起来："嘿！"他抬起头，看到了一轮明月。

光静静地悬在太空
蔚蓝无云，在我的脚下
一层灰白的雾海

诗人从山峰顶上看到脚下无边的蒸汽海洋直伸向大海，然而，云海之上却是万里晴空。一轮满月照耀着苍穹。除了雾海中的波涛激动着，不远处的一个蓝色的深渊，呼啸的水声无止无休，无数激流都同样地呼啸着。这一切似乎都充满在大地、海洋和满星的天空，然而，一切都是静静的。

当这些景象都已消失，诗人回想着他看到的东西，对他似乎是一个幻象。

这象征标志
是一种壮丽的理智，它扮演
它拥有，它所有的和所渴望的
它本身的和将要成为的

月亮高悬在雾海之上，光耀在上，声响于下，暗暗的深渊和静静的天空——"在这里我看到了心灵的象征"，诗人这样写着。诗人编织他的心灵的印象，表现月亮和水的各部分的关联，它们与人类想象力相似，又具有对真的思想和创造性的深刻影响。心灵的创造具有如此的权威，宣称他们甚至能够用惊奇来感染这些创造者。

像鹰一样用声音收起它的翅膀

从苍穹的远方展示内心的平静

通过黑暗和寂静而努力攀登，诗人的旅程对于那些试图理解初次沉于湿雾中的感觉大概是人们都熟悉的：在过分宁静气氛中的不舒适，狭路上步行的沉重，攀登中孤独的暮色。本书承诺并希望能给出更多的感受，譬如：完成旅程时得到的喜悦；对那些一生中曾进行过这样旅行的人们给以更深刻和更广阔的视野；对构成心灵的象征力量和形式给以更多的暗示。

要讨论两种路程，各自具有曲折和变换的历程，或具有不同的地图和休息的地方。这就是音乐和数学。这两条路的要求是很相似的，这一点毫无疑问。但是，这是一个笼罩着神秘气氛的确定无疑的问题。两者之间无论对于音乐或数学的发展而言，它们的关联都不重要；对于这两种融和的实践者和创造者来说，数学和音乐之间的相关性也不重要，同时，对任何人它都是十分含糊不清的。这种关联可以简单到不需解释或讨论就可以接受，甚至不必弄清这两种学科是如何的互不匹配。为什么两者之间必须有联系呢？它们各自活动的共同点是什么呢？两者之间是否有意义上的、技术上的或观念上的共同之处呢？我们为什么要设想它们都有相同的目标呢？它们可以独立地显示相似的视野吗？假若它们相似的话，这仅仅因为它们在全人类的创造方法上都有相同之处吗？

音乐毕竟是非完形的或难以名状的：它随时随地变化它的组织和特征。它可以是结晶有序的或像雾一样无序的，情感的或夸张的。它是短暂瞬间的，当演奏时，音乐融化于记忆之中。数学则相反，是率直的，它从不改变它的性格，它似乎在空间和时间之上随时随地总是情绪高涨。音乐是处于事物的冲突

▲ 在古希腊神话中阿波罗掌管音乐。

笛卡儿

和争辩之中的,演奏时使用芦笛或肠弦,通过铜管或竹筒,使用各种材料,天然的或其他种类的。数学则是首先由抽象构成的,甚至不需要铅笔和纸张,铅笔和纸张只记录思想,如同录音机录制音乐一样。

音乐和数学不同,它似乎是毫无用处的。一个没有音乐的世界仍会有食品、衣物、遮风避雨的住所以及各种各样的享受;此外,若是没有那种不太顺手的机械,设计复杂的乐器如钢琴或单簧管等等,从物质角度来看这个世界仍然和我们原来的世界没有什么不同。音乐的主要功能似乎是道士、魔术师或商业叫卖者的陪伴物。而数学则在世界的任何角落都有用处。它可以用来绘制财产的状况图,建造潜水艇,预测空间的曲率,解决代数问题("若两个人油漆一个屋子需要 3 小时,3 个人漆一间屋子需要几个小时?"),开发城市交通路线。没有数学的世界将与我们现在的世界完全不同。

音乐似乎是立足于情感的。我们常常说,音乐表达了悲伤、愤怒或文雅。音乐是灵感的,美学的,神圣的。数学则对于由证明一个定理所产生的感情冲动毫不在意。是否有人曾碰到过"悲伤"的定理,或展示一个"愤怒"的证明,或由于抽象的关于拓扑学的沉思而产生一种求爱心情呢?

数学家只关心真理,在他们闪烁的眼光中,真理在一代一代地增加分量。一个问题一代人没有解决会传到下一代去解决;使笛卡儿(Descartes)彻夜不眠的问题现在已经成为高等学校学生的家庭作业了。音乐则是另一回事。斯多克豪森的成功之路如何与巴赫相比?当我们听音乐时,我们听到了比音乐本身更多的东西了吗?音乐知识,假如存在的话,从一种文化到另一种文化是很难理解的,仅能从时间的变化中得到认可。譬如古希腊音乐的声音今天全然听不到了;格利高里圣咏(Gregorian Chant)似乎与古典奏鸣曲毫无关系。音乐从它的复杂性和神秘性来看更接近语言而不是数学,它是植根于独特的文化之中的。在纽约卡内基大厅演奏南海渔歌或在澳大利亚林中演奏贝多芬的钢琴奏鸣曲,你把演奏方式和内容相混合,事情就完全改变了。

　　相反，数学真理扎根于与音乐或任何艺术无关的土壤之中，它似乎与空间或时间毫无牵连。巴比伦人的计数体系的基础是 60 这个数（因而有了我们今天分、秒的计算），但是，它们达到了我们今天使用十进制计算一样的结果，而今天计算机的系统是二进制。天才的数学家斯瑞瓦萨·拉玛纽扬（Srinivasa Ramanujan）可以在印度的一个孤立的茅舍中从普通的教科书中学习数学，然后把他辉煌的结果送到剑桥去，因为在一个国家中的数学和在另一个国家中的数学同样是真实的。数学似乎不受文化的影响或约束。绘画和音乐可能是较为相似的兄弟，数学与音乐之间则存在着根本的区别。这些区别是：真与美，永恒与变化，科学与艺术。

　　但是，这个区别并不像开始思考问题时那样重要。我们需要回过头来考虑这种比较本身的概念，考虑我们对事物相似与不相似的思考方法。事物可能在很多方面都有区别，我们如何知道哪方面是重要的呢？一个人与一棵白菜相似，因为都需要空气，而与鲭鱼在选择居住处所方面却不相同；那么是否人就更像白菜而不像鲭鱼呢？当我们比较两类看起来不相同的事物时，我们常被一个问题之网缠住。这是一个关于意义和意图的网，关于我们是考虑

▸ 16世纪早期的圣咏手稿

重要性还是考虑为什么的网。

在开始讨论之前,我们需要理解对相同性意义的认识方法。我们在表示事物的时候,最显著的方法,联系最密切的是它们相同的字眼:当孩子学习语言时,他们学习概念,包含一个术语中的抽象内容。鼻子不是指一个特殊的鼻子,而是通指一切鼻子;当几乎所有区别特征如形状和鼻孔被人从叫做"脸"的物体上拿到一边的时候,即可以确认它为"鼻子"。一个玩具汽车被叫做"汽车",因为它和一个真的汽车一样,甚至不必考虑大小、形状、设计或颜色。这些概念的学习和使用是在一种完全不自觉的方式中进行的。当作为一个联系进行比较时,立刻可以看出什么是重要的,什么是不重要的。譬如对于孩子来说,玩具汽车有没有车门、小座位甚至挡风玻璃等并不重要,重要的是有四个车轮、车顶或可以走动就行了。产生联想只需要一些关键的感觉,需要抽象概念。

当认同和关联刚刚产生时,当它们不再依赖抽象和语言时,问题就变得更为复杂了。我们不再依赖事先已证明了的关联所反应的文字了。比如,当我们要讨论汽车是如何与炸面包圈相似的时候,我们需要找出炸面包圈和汽车所共同的外表的形状,然后给这种特征一个另外的名称。当感到这个概念有些太一般化了的时候,问题就更难了。在什么方面,我们可以从刘易斯·卡诺尔(Lewis Carroll)那里得到暗示,一只大渡鸦和一个写字台可以相似?在抽象概念之间产生一个抽象,意味着必须对各自的抽象本身有非常深入的理解,然后再对它们彼此之间的关系做深入的理解。因此,在比较诸如显然不相同的数学与音乐的时候,我们必须考虑它们各自的主要方面。我们必须从数学和音乐中抽去它们的习惯和利害关系,理解它们的内在事物,然后找出任何彼此共同具有的东西。我们需要界定这样的数学家对一个世界和另一

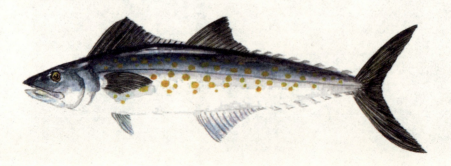

● 鲭鱼

个世界所做出的标识。

任何时候我们都要做这种比较，甚至在那些对象或概念最初看起来似乎没有任何共同之处的时候也是如此。比如，我们知道渡鸦有两只脚而写字台没有脚，渡鸦是活的而写字台不是，渡鸦能飞而写字台不能飞。但是我们也可以从另外一个角度来看渡鸦和写字台。我们看到渡鸦的脚站在地上，翅膀则在空中，而这种天然的稳定性似乎是模仿人造的写字

▲ 渡鸦

台，即在压力下既不倾斜也不倒下。我们甚至可以认为写字台的功能是由制造者决定的，也可以带有宗教意味地认为渡鸦也是如此。我们可以拿渡鸦是黑色的并能预知未来的象征和联想的意义与一位作家在桌子上起草他的作品做一个联系。假如我们的兴趣是在某一方面的话，渡鸦真有可能像一个写字台。这依赖于我们对它们的来龙去脉的考察，我们比较它们的方位，以及哪一方面对我们的考察最重要。

对于数学和音乐来说也完全一样。它们之间的相互联系能够引导我们进入深层次的思考，这种思考若基于只从单一学科考虑则很难进行。在这种联系的基础之上，我们对数学和音乐的理解发生了变化。我们甚至开始看到，我们借以对它们推理的进程与在两者中间起作用的进程具有一种神秘的类似——但那却是对可能隐藏在一条磕磕绊绊的路径尽头的东西的期待。开头并不是艺术与科学、美与真的大概的类目，而是细节，是态度与方法，是人类的行为。

"从事数学"或"搞音乐"到底是什么意思呢？数学并不像物理学或生物学那样揭示物质世界的构造，它完全是另一回事。但是，它到底是什么呢？这个简单的问题已经困扰了数学哲学家们数千年。即使数学家一般也会像我们大多数人在日常生活中一样愿意躲避这样的数学问题。数学家解决难题、教授学生，像其他行业的人一样地工作。音乐家也一样，热衷于学习保留曲目、创作新的作品、教学生，但却很少走近音乐本身是什么或它在文化中有

▲ 演奏竖琴的维纳斯

什么地位这样的一些问题。音乐对于音乐家来说就像数学对于数学家：它是表现为一种我们要对付和接触的神秘，这就是为什么音乐哲学家总是那么淳朴的原因。不能解释的东西在静静中流过。

现在让我们来看一下"搞"音乐的最基本的经验。当我们开始学习在钢琴上弹奏巴赫的 D# 小赋格曲（从易调节练习键盘的第一册开始）的时候，音乐好像使人挫伤地复杂难懂。这里有一个十分简单的主题：以一个向上跳跃开始，但它在感觉上更像一个展开而不像一个跳跃。它应该听上去好像是第二个音符从第一个音符中生长出来，既与它相逆又与它相连。这个主题然后带着悲伤的抚爱转过身来，好像吸一口气，哀叹地转回身去，优雅地回荡着它自己的开头，一步一步，走到它的起点。这个姿态的两部分几乎具有不同的形象——一个远足和一个回返——但这居高临下的精神是忧郁的、犹疑的；当这个主题再次进入另一个赋格曲的时候，再一次的陈述便从它自己徘徊的叹息中升腾而起。

学着弹奏这个赋格曲的问题不仅在于训练手指去创造出这个声部，让它就好像是自己产生的一样；它要使每一个声部都产生一个天衣无缝的音乐线，而另外两条音乐线又在同时进行着。经过练习，这可以做到，手指自己会在音符上掠过，从一个音符滑向另一个音符，始终保持声部的完整。困难的是要同时倾听这些声部，去感受什么时候一个声部随着所有的音符加速而进入另一个声部节拍之中；正确的弹奏需要能够将注意力集中在所有这些声部之上，这样，在任何时候，这些声部中每一个声部都能跟得上，而其他声部的整体又未受影响。保证哪个声部都不会被怠慢的一个技巧，是在弹其他声部的时候唱另一个声部。这不仅是一个学习倾听的问题，而且也是一个理解、参与的问题；这样，不同的声音层面才能够成为一个完整的音响效果。这个主题需要作为一个单一的姿态被人们感受到,而不是作为一个音符和音程的结合,它的结合和转变的陈述需要捆在一起,成为一个戏剧性的沉思冥想,直到整个赋格曲可以似乎一口气呼出,它的企图变成自然力量的表现,忧郁的主题逐渐地变得宏伟起来。

学习一首曲子包含体力的、听觉的和智力的工作,三者互相培育。数学可以不需要体力和听力,但智力的工作是很艰难的。当这些练习赋格曲的劳累取得进步的时候,我开始了一个更大音程的练习。它不仅有一个具有确定形象的单个主题,而且有许多分散的声部,每个声部本身又极为复杂。这些声部有名字。它们就是研究的原则和领域:它们被称作解析、代数、矩阵理论和拓扑学。各自似乎又都建立起了自己的规律,然后无论走到哪里都遵循这些规律,派生出弧线理论或数的理论,或面积的理论,或数程体的理论,它们根本没有明确的意义。我的理解之劳苦在这里被割裂开来,例如,试图理解在一个弧的状态下丈量土地的定理是怎样与一个概率连在一起的,然后再试着理解为什么我们能从数程体集中选出个体数程体的概念总是一个数学概念——实际上,这在整个数学研究领域中是一个基本的事实。

直到后来,我甚至都不知道有什么能够将这些思想统一起来。我是在解决问题,试图理解细节。这就像训练我的手指去弹出正确的音符,学习规律一样——如此而已。但这之后,当一个钢琴家逐渐将模式注入到手指和头脑中去的时候,一处一处,断断续续地,在这些一个一个的领域中,将会出现一个时刻,这时,似乎不同的思想将开始连接起来,模式随之出现。突然,之前似乎并不存在的关联出现了,抽象系统似乎互相关照,或至少在分道扬镳之前互相交错。心灵像耳朵一样获得了自由。

这些启示的时刻——发现从前不存在的关系,倾听从前不存在的联系——对于所有

▲ 古希腊哲学家、数学家毕达哥拉斯

▲ 法国数学家、群论的创建者伽罗瓦

数学和音乐的学生来说都是熟悉的，但很难说学到了什么或是怎样学习的。这个启示也似乎与生活经验关系甚小。在两者的原则中，一个人理解的范围似乎主要取决于"天赋"——气质和顿悟的天赋，协调概念的能力（以及在音乐中，协调手指、呼吸与概念的能力）。"神童"常见于音乐、数学和其他像象棋这样的领域——主要依靠对一个似乎是封闭的抽象世界的顿悟而不是一般世界的经验。例如，费利克斯·门德尔松（Felix Mendelssohn）在 17 岁时就创作出了十二部交响曲和著名的《仲夏夜之梦序曲》。莫扎特的能力使他在更早的年龄就由他雄心勃勃的父亲安排在欧洲各国巡回演出了。当然，尽管少不得能力，音乐家们仍需要经验去完善成伟大的艺术家；但数学家却不需要这些经验的完善。数学家卡尔·弗里德里希·高斯（Carl Friedrich Gauss）3 岁之前就纠正过他父亲计算的错误，并戏谑地说他在会说话之前就懂得了算术。正如数学家 G.H.哈代说的那样，数学是"年轻人的游戏"（几乎没有几个女人能走进这个游戏）。哈代指出，伽罗瓦（Galois）21 岁去世，阿贝尔（Abel）27 岁，拉马纽扬（Ramanujan）33 岁，黎曼（Riemann）40 岁——他们都是在数学历史中取得了几乎是不朽成绩的人。

　　这并不是忽视音乐和数学终生从业者们的天分：在真正梦想家的世界中，他们拥有自己的地位。在音乐中，我们就是这样看待晚年贝多芬的，他像牛顿一样孤独地在思想的陌生海洋中航行。爱因斯坦头上的光环预告了他超脱尘俗的权威——作为数学家和先知——与刻下他的名字的理论同样的突出。帕勒斯特里那（Palestrina）、巴赫、瓦格那——这些名字是音乐家们为之敬畏的，就像数学家在高斯、康托尔（Cantor）、凡·纽曼（von Neumann）这些名字中发现的敬畏一样。关于他们成就的一切风度的故事流传开来：钢琴家可以一眼尽览键盘上方的管弦乐队总谱，指挥家可以在记录下来的不和谐音调中听出错误的音符，作曲家不用耳朵就可以倾听，数学家轻快地解决同行们困惑数月的难题或看出所问问题问得就不对。这一切都不仅是奇迹。在数学和音乐领域,天分的拥有者是神坛上的一员,他们的光辉从其他伟大艺术家的成就中脱颖而出,其他人的努力都用在了一般的生活中。这些上帝的选民经常既受赞美又遭诅咒:当被上帝触摸之后,他们便不适合平常的生活——像贝多芬——常在社会上显得愚笨。

数学和音乐都这么抽象,它们可能似乎重精神于来世,但又都具有非凡的现实力量——音乐在听众身上拥有效果的力量,数学在世界上拥有应用的力量。两种活动都只为上帝的选民所完全理解,它们被赋予所需的想象的热情,它们又扩展了所需要的努力,但在它们的应用和执行过程中,这两种活动又为一切人所明白。谈论数学家和音乐家的"感召"并非不合时宜。这个现象不是偶然具有宗教性的;数学和音乐以至于仪式和启迪都有着内在的关系;它们也与神秘和危险有关系。

因为神秘与实践的结合,来世与现世的结合,普遍和特殊的结合,音乐和数学几乎从古代就拥有了力量。早期的历史是粗略的,但掌握了这些秘密的人的力量是可以为人所见的。希罗多德写道:"它在地上和天堂中扩展。几何学在埃及产生于人们对一年一度的尼罗河水泛滥后丈量土地的需要";亚里士多德则认为:埃及的数学产生于祭司这样的有闲阶层的思索。亚里士多德可能将希腊的经验加在了更早的文化之上,因为数学理论是在古希腊第一次走向成熟的,出现超越实用的地位。然而,在知识分子玩弄数字和观察天象、丈量土地、建造房屋或像《圣经》中讲的那样建造神庙之间并没有截然的界限。

音乐就其本性来说很可能为所有人所拥有,甚至存在于最初级的水平上,但它的体系和理性的开发却一定限于祭司阶层,在他们中间,音乐成为仪式的一部分——这样,在早期的宇宙观中也就占有了一个特殊的地位。事实上,在数学的实践和音乐的实践中的专门知识的需要可能会给两者以很高的地位。然后,像现在一

▲ 高斯

海顿

样，会有许多知识的等级在祭司的理解中达到顶峰；当然，中世纪天主教堂的音乐也是如此。毕达哥拉斯的等级是建立在奥秘知识基础上的知识中最为著名的。它是公社性的、秘密的，它赞同心灵转移的教义；据说毕达哥拉斯本人创造了哲学和数学这两个希腊词汇。

数学和音乐的神秘就仪式特征来说甚至在今天都是很明显的，这在我们选出任何一个乐谱或打开任何一个数学读本的时候都会看到。在这两种情况下，我们都要面对不同于我们口语标符的音符和文字的符号。数学中包含有混合了无法简单地解释的符号的普通语言的词汇——像 π 或？这样的标符——还有更为难解的结合：

$$|f(0)| \prod_{n=1}^{n(r)} \frac{r}{|a_n|} = \exp\left\{\frac{1}{2\pi}\int_{-\pi}^{\pi} \log|f(re^{i\theta})| \, d\theta\right\}$$

结果成了一种，如果没有引导的话，既不能读也不能理解的语言。例如，我们怎样从一段数学文字中理解句中的这个句子呢：

让 Γ^* 为一个似紧 Hausdorff 距离 X 上系数的细小前束的一个非负共链综。假设一些整数 $0 \leq m < n$，Hq（Γ^*）轨迹为零，$q < m$ 并 $m < q < n$。那么就有函数同型：

$$\check{H}^{q-m}(X; H^m(\Gamma^*)) \approx H^q(\dot{\Gamma}^*(x)) \quad q < n$$

且一个函数单型：$\check{H}^{q-m}(X; H^m(\Gamma^*)) \to H^n(\hat{\Gamma}^*(x))$。

我们可以认出许多文字，看到也许与数字相关的参照系，另一些文字也一定在数学中有特殊的定义，但是，这象征性的表达却是上文许多页推理的浓缩。阅读数学根本不是一个线性的直来直去的经验；即使是最有成就的数学家的已经审阅过的高级材料也很少能在书页上从左向右阅读。即使是一位艺术高手，理解这样的文字也需要交叉参照、停顿、细看和重读。意思很少是完全明白的，因为每一个符号或文字都代表一个概念和参照系的高度的浓缩。当然，阅读很平常的语言也很复杂，但阅读数学是一种不同的复杂程序，它包含一种向写作过程思考的回归。

当我们看一个音乐乐谱的时候，我们也远离普通语言。意大利和德国的读者会不时地发现一些熟悉的文字（allegro，klagend），但是，不像在一般的文字中那样，在音乐中有一种精巧的空间感被应用并界定：垂直的空间被一行行五线谱所分割，五线谱上又排列着黑色的标符，横的空间为穿过五线谱的竖线所划分。

这里，阅读也被一些东西控制着，但这些东西不是符号的纯连接；它是由标在文字（allegro con brio）开始的速度和常常为表示节拍的（♩ = 108）东西所限定。我们要根据时间的进程而"阅读"，同时想象着声音。它也不是纯线性的：它包含了竖直维度和平行线性的交叉，曲折地表现为一种音乐空间，后者表现为音乐节拍的行进。

△ 莫扎特

△ 演奏莫扎特的安魂曲

科学是美丽的

新科学读本 珍藏版

▲ 贝多芬

数学文字和音乐文字都不好翻译。当一般的文字自己完全可以结束的时候，数学和音乐这两种文字却都不会结束。它们是思考和倾听的记录。音乐文字是高度压缩了的，要理解它必须给它解压缩，将它翻译成它诞生时的思考。音乐文字只是一种近似，一种直接指向声音本身的符号。数学文字和音乐文字都不是正常的指向。两者都指向与在其中普通语言如鱼得水的世界完全不同的世界。

但是，各自也都有一个为表现似乎隐藏在普通语言之后的思想而产生的符号中的天赋。直到零作为一个位置的占有者发展起来，算术的面貌才为人们注意；有了零，符号的自我操纵就可以提供展示。我们知道一些关于 100 和 10 的和写作 110 的深远意义，如果把它写成罗马数字 CX，我们就不会知道这个结果。在高级数学当中，连接的第一步是创立一个符号来赋予概念以结构和意义。事实上，有时在数学中会因一个难题而困惑，这时，符号中的类似就会成为深化关系的第一条线索。

同样，音乐五线谱不仅创造了一种西方音乐在其中诞生的结构，而且也展示出超出声音的东西。它指给人们各种因素是如何互相处于特定关系之中的，声音是如何创造空间的。它展示了音高的图画式的表现，绘出了高音和低音；它告诉人们，不同的声部是互相衬托和交叉的；它连接起音高和节拍的各个方面，并给节奏以形象。这些符号允许和弦和多声部产生；它影响了它意欲默默服务的艺术进程。

这些文字的力量是艺术力量的一部分；我们利用这一个去发现另一个，这些文字对于它们各自的艺术都有一个离奇的关系，文字中的一种相似可以展示一种实际的相似。而且创作这些文字的行为几乎不能从完成这些艺术的行为中分离出来。这些文字呈现出它们自身的生命。它们因充满了含义和弦外之音而成为偶像。一个漂浮的第八音符或者一个书写的积分符号代表着这种艺术本身。

这两种文字也展示了这两种艺术的形象，因为表现和相似是音乐和数学的心脏。这是它们仪式形式的一个原因。魔力和仪式常需要实施来影响它物，影响远处事物的行动。一般来说，这种影响是通过某种相似创造的。这种相似可以是一种事物的形象特征——一只蜡烛可以代表的一般力量要超出它的热能和光亮。这种相似也可以通过一个"属于"或连接与另一个物体的物理的联系而产生——就好像皇冠可以赋予皇权一样。魔力和仪式需要隐喻和转喻；它们需要诗人的想象。

例如，一些中世纪犹太神话相信，我们可以创造一个与人体相像的神性的隐喻图表；这个人体的每一部分都设计一个神性的标志。这个隐喻也说明，在人体的各个部分与神的"身体"各个部分之间存在一种联系；这一部分的行动可以在另一部分上产生影响。这样，隐喻就变成了文字。神的"胳膊"可以通过使用的胳膊而被神秘地影响。就像一位神秘主义者说的那样："对我们来说是隐喻，但对他来说不是。"祈祷——包括语言的和文字的两种形式——也是通过相似产生效力的。有一个体系叫 gematria，它说希伯来字母与宇

▲ 贝多芬第五交响曲的开头

◆ 小提琴

宙的基本性质相关联。每一个字母都建立起一个数字的价值，这样就在似乎毫无联系的词汇之中建立起神秘的连接：如果词汇的字母加到同样的数量，它就会在词汇之间，在词汇所代表的物体之间揭示出一种深层的联系。

这与我们早些时候关于在似乎不相关的物体中找到相似的思想有关。在宗教背景上将现世与永恒结合在一起，这相似是祈祷和仪式的基础。因为音乐和数学好像参与了两个世界，像犹太神秘的 gematria 一样，它们已经习惯于控制和连接两个世界——从音乐内在世界的倾听者到上天星宿的王国。这个天才既是先知又是祭司，因为他可以将音乐和数学中的隐秘联系展示出来，就像神秘图表一样展示外在环境的隐秘联系。

古希腊人对此相当清楚。历史可以与毕达哥拉斯派的传说一同浮现，但他们的理论却有着非凡的影响。数学由数的神秘相伴随，每一个整数都有一个超感觉的意义：数字 7 与女神雅典娜相关，5 代表婚姻，因为它是第一个偶数与第一个由第一个偶数加一的奇数的结合。亚里士多德指出，毕达哥拉斯的理论把数的原则当作支配一切的原则。这符合有关音乐的神秘主义，它本身就与数字和情感和指挥生活的特征相关联。这些深层的关系也被其他思想家所领悟。柏拉图拒绝心灵无欲望状态的音乐风格——例如哀怨的或柔弱的——在他的《理想国》中，只赞扬多里安人和佛里吉亚人的调式，这种调式表现勇气和节制。亚里士多德在他的《政治学》中明确表示：节奏和旋律是道德品质的声音转换和表现。正如毕达哥拉斯的论说主张的一样，这些音乐与心灵状态的连接也是与宇宙的和谐相关的。

2000 年之后，约翰尼斯·开普勒在他的关于天体运动规律的著作中明确提出了数学探索的宗教式的主张："骰子已经投出；我也写完了我的书；它可能会被现代人阅读或者它的读者是后世人,它并不在意;它会等待一位读者,因为上帝等待他垂训的解释者已经等了6000年。"在17世纪,格特佛里德·莱布尼兹(Gottfried Leibniz)在他20岁的时候就认为他能够创造"一个一般的方法,其中所有真理推理都将简化成一种计算。同时,它又将是一种宇宙语言或文字,但与所有迄今为止的具体化的语言文字都完全不同;因为其中的符号甚至词汇将指导推理"。这样的一种语言将展现相似的基础;它将是一种包含有展示的文字,一切都是真理,没有错误。它将是上帝手稿的语言。

对音乐的要求是一样的,它的力量向内到达心灵,向外到达天堂。索尔兹伯里的约翰,1176到1178年沙特尔主教说过:"心灵据说由音乐的和音构成",而通过音乐调和规律,"天体协调了,宇宙和人类得到了控制"。400年之后,开普勒宣称,他的定律揭示了一个天体的音乐——当行星走过宇宙的时候它们创造了音调。

在与此相关的陈述中,音乐家和数学家经常好像互换角色。吉恩-菲力普·拉莫恩(Jean-Philippe Rameau)于1722年通过赞美数学开始他论述和谐的经典论文("我必须承认,我的思想只有通过数学的帮助才变得清晰,光明取代模糊")。伽利略在17世纪曾经思考过"为什么一些音调的结合要比另一些音调的结合好听"。18世纪数学家里昂哈德·欧拉写过论述和音的一篇论文。现代解析学的发展——在微积分的抽象的基础上扩展的数学领域——是部分地受到企图描述颤动琴弦的运动启示的。20世纪的音乐可以看到音乐语言的一个迅速的数学化,伴随着集合理论的符咒,马尔科夫链,不规则碎片形及各式各样似乎与数学学说的子集无关的全体内容。这些关系的神圣性常被认为是理所当然的。克劳德·列维·施特劳斯(Claude levi-Strauss)的神话结构分析用了数学词汇和技巧,他在《生的和熟的》一文中写道:"音乐的创造者是可与神相比的人,音乐本身是人的科学的最高神话,一个所

▲ 柏拉图塑像

▲ 钢琴

有各色原则都要碰到的神话。"

19世纪数学家詹姆士·约瑟夫·西尔威斯特（James Joseph Sylvester）给予数学以与音乐同样的地位。他是一个律师，一个保险统计员，一个有成就的音乐爱好者，他曾师从古诺（Gounod）学过歌唱，据说对自己的高音C非常自豪。但他的热情仍在数学方面，他的冷静的学识曾被不透气的召唤所打断。他写道，数学"是无限制的，就像那个它发现其对于它的抱负来说过于狭窄的空间一样；它的可能性像在天文学家的眼中永远塞满并增大的世界一样，是无限的；它像意识、生命一样不能被限制在设定的界限之中或被变成永恒效力的定义之中，它似乎蛰伏在每一个单细胞中，在每一个物质的原子之中，在每一片树叶、蓓蕾和细胞中，时刻准备萌发成新形式的植物和动物而生存"。

但是，要理解这些艺术上如此喷薄欲出的光辉的原因，我们必须暂时地实验性地转向它们卑微的出身。我们可以在简单的一根弦上的简单颤抖中发现音乐。我们可以对这种颤动做一个并不神秘的具体说明：轻轻地拉长一条电话线，并开始以一个有规律的节奏左右摇动这条电话线。在这条电话线两个固定的顶端——一头在墙上，一头在手中——我们可以看到一个波状向中心膨胀。如果电话线较短，我们就得摇得快一点以造成这个波；如果电

▲ 吉恩—菲力普·拉莫斯

话线较长，我们就必须摇得慢一些。事实上，增加一倍的长度我们就得减慢一倍的速度；而减掉一半的长度，我们就得增加一倍的速度。每一个长度似乎都有一个自然的节奏与之对应。这就是毕达哥拉斯定律。

这个节奏也可以用周期或频率等术语来描述（例如我们每2秒摇3下）。但如果摇动足够快的话，我们就能听到颤动。这个颤动创造了一个音符，一个音高。正如每一条电话线都有它自己的基本频率一样，它在两个固定点之间运动，每一条弦也都有它自己的基本音高。仅用几个限定的条件就可以找到一切种类物体的基本音高：被风吹动的树干或苏打水瓶中的空气管；实际上，有人坚持认为：同样的基本音高为人类的心灵或太阳的行星的旋转而存在。这样，声音和数字已有了内在的联系。它们之间的联系不是人为的。

▲ 阿咯琉斯向半人马的喀戎学习音乐。

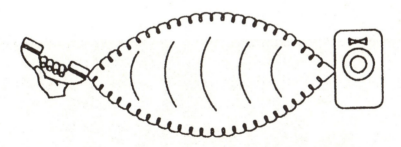

一条颤动中的摆动电话线。线的长度有一个摆动的距离比率。

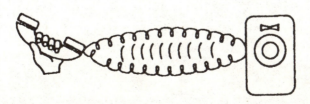

一条电话线一半的长度会以两倍的速度摆动。

这不是一个隐喻：如果我们的解说不错的话，那么声音就是可听到的数字，而数字就是潜伏的声音。

让我们继续谈这条摆动的电话线，现在它还在两个固定的点之间运动。如果我们逐渐加快它摆动的频率，一开始这个波会被打破。线绳似乎随意抖动起来；甚至抓住一头都有些困难。而当最初的波动让我们的手稳固之后，突然，这条绳子给我们的手一个拉力，这个反拉力抗拒着我们固定住线的长度和位置的决定。不过，在一个特定的时刻，一种颤抖的和谐建立起来。挣扎结束了。

选自《心灵的标符：音乐与数学的内在生命》，李晓东译，吉林人民出版社2001年版。

音乐，几乎人人会听，而且在听音乐时，每个人都会有个人化的审美享受，但数学对于许多人来说，却经常意味着抽象、艰深、枯燥。不过，从很早的时候开始，人们就已经注意到了音乐和数学之间密不可分的联系。在这篇文章中，作者以优美的笔触对音乐和数学之间的内在联系进行了叙述，令人深思。这自然也是一种对于数学的人文理解。

Chapter 5

五 都是"古盗鸟"惹的祸

巴尔的摩事件／戴吾三

都是"古盗鸟"惹的祸／黄艾禾

识别伪科学／[美] 萨 根

永动机能造成吗？／[苏] 别莱德曼

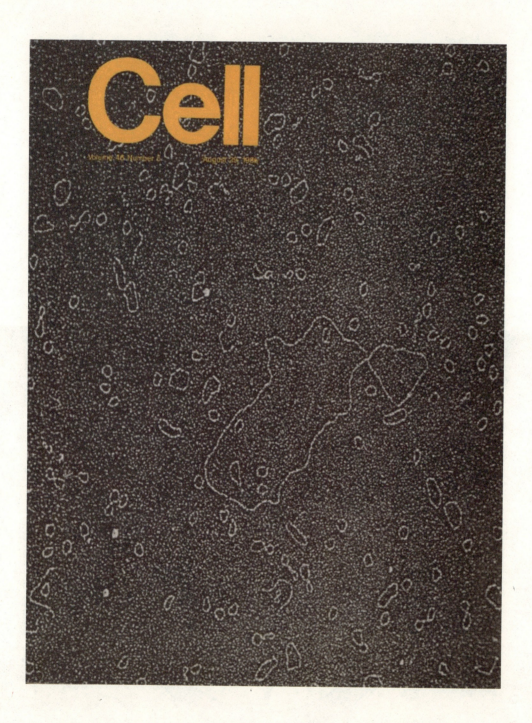

巴尔的摩事件

戴吾三

> 巴尔的摩（David Baltimore,1938— ），美国病毒学家。
> 宾夕法尼亚州沃思莫尔学院毕业，后入洛克菲勒大学和麻省理工学院学习。1964年获得博士学位。与H.特敏各自独立发现某些主要由RNA构成的动物癌症病毒能将本身的遗传物质转译为DNA，该DNA又改变了寄主细胞的遗传方式，使之转化为癌细胞。1975年和他的老师R.杜克贝尔以及H.特敏共同获得诺贝尔生理学和医学奖。

弄虚作假是人类的一个长期难以根除的毛病，在素以求实创新为骄傲的科学的圣殿中，却也时时有人不惜以身试法，我们先从发生在美国的两桩科学作弊案谈起。

1981年，在美国出现了一个关于肿瘤病因的"新理论"，轰动了整个科学界。该理论认为：正常细胞中存在一种没有活性的特殊蛋白激酶，当肿瘤病毒入侵后，便激活了这种酶类，结果导致细胞癌变。美国报刊大肆宣扬，把该理论的提出者、康奈尔大学一名年轻的研究生斯佩克特吹嘘为"科学新星"。世界各地第一流的癌症专家们也都纷至沓来，要求与斯佩克特合作，其中还包括曾获得诺贝尔奖的遗传学家巴尔的摩。甚至还有人预言：斯佩克特和他的导师雷克可能会成为诺贝尔奖的候选人。

在与斯佩克特合作的许多人中，有一名叫彭品斯基的生化系研究生。他用相同的方法进行实验，结果总是不能令人满意。使他感到奇怪的是，只有斯佩克特单独操作时才能成功。这是怎么回事？他把这件事告诉了

巴尔的摩

自己的导师、肿瘤病毒学家沃格特。他们仔细分析了实验的各个环节，终于在一个关键步骤中发现：斯佩克特弄虚作假，竟用同位素碘代替同位素磷来追踪一种关键酶，而这种酶根本就不与碘结合。这使他们大吃一惊。他把事情告诉了雷克，这位颇有名望的科学家，怎么也没想到自己的研究生干了这样一件蠢事。于是，雷克谢绝了一切学术活动，亲自组织人力对斯佩克特的实验进行重复和检查，最后证明斯佩克特作弊问题属实。可想而知，斯佩克特身败名裂是注定的了。

1974年，美国还发生了一起科学上弄虚作假的事件。当事者萨莫林宣称：黑鼠的皮肤片在体外培养后，可移植给白鼠而不发生免疫排斥反应，并能够长期存活下去。对于烧伤病人的植皮，这种方法亦能奏效。正当他准备在学术会议上报告自己的"辉煌成果"时，他的一名助手偶然发现，移植到白鼠身上的黑色皮肤片，竟能被酒精脱去颜色。原来那是伪造的经过染色的黑鼠皮肤片。此事一被揭露，社会舆论哗然，许多报刊称这件丑闻为"美国科学界的水门事件"。

从以上两件事例可以说明，对于一名科学工作者来说，贪慕虚名，投机取巧，剽窃作假的欲望和行为，永远是失败的。而实事求是，埋头苦干，淡泊名利的精神和情操，才是成功的阶梯。在这里，我们将为大家展示一个投机取巧的典型。

1986年4月，一篇洋洋洒洒长达13页的科学论文在美国著名的学术刊物《细胞》上发表，正是这篇论文引发了后来轰动美国科学界的所谓"巴尔的摩"事件。

论文的题目是《在含重排Mu重链基因的转基因小鼠中内源免疫球蛋白基因表达方程式的改变》。论文的学术价值在于提供了一个新发现：小鼠自身的抗体基因在导入的外源抗体基因的影响下，会效法外源基因业已重排的结构进行表达。面对这一现象，许多分子生物学家为之咋舌，觉得不可思议。但真要是科学事实那又容不得怀疑。再说论文的作者之一，是大名鼎鼎的大卫·巴尔的摩。早在

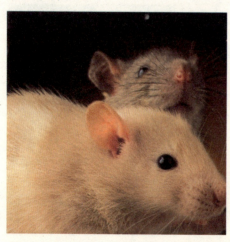

实验室小鼠

1970年，巴尔的摩就因发现了一种病毒中的逆转录酶而轰动世界，1982年，巴尔的摩和另一发现者特敏也因此共享了诺贝尔奖。时隔4年，已戴上诺贝尔桂冠的巴尔的摩会不会让一个小老鼠来震惊生物学界呢？大家都拭目以待。

谁也不曾料到，这一次巴尔的摩翻了船。论文原来是巴尔的摩最信任的合作者特里萨·伊玛尼·嘉丽一手编

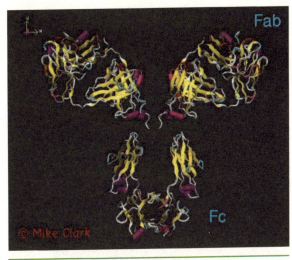

▽ 免疫球蛋白分子模型

制的骗局，而巴尔的摩完全被蒙在鼓中。更可悲的是，在长达5年的指控与反调查过程中，直到最后，巴尔的摩还在利用自己的声望和权威庇护特里萨·嘉丽，并压制敢于揭发、敢于斗争的小人物玛戈·欧图丽；甚至还借科学神圣之名，公开威胁调查者，反对外界和国会的干预。巴尔的摩和嘉丽的所作所为在美国公众面前造成极坏的影响，动摇了人们对科学和科学家的信赖。巴尔的摩导演的这出美国科学史上令人伤心的悲剧，被报界称之为"巴尔的摩事件"。

1981年，动物基因工程取得重大进展，外源的大鼠生长激素基因导入小鼠生殖细胞后，能使由此发育而成的转基因小鼠比对照组的老鼠大两倍。这一被誉为"超级鼠"的成果，为基因表达的研究开拓了新的天地。当时巴尔的摩实验室正在从事抗体基因表达的研究，他们把握了这一时机，获得了转抗体基因的小鼠，同时一个新的研究课题也酝酿成型了。已知作为抗体的免疫球蛋白分子含两条重链和两条轻链，重链和轻链的基因都是由可变元件和恒定元件组装而成的。在产生抗体的细胞中，有活性的抗体基因总是由一个可变元件与某个恒定元件联结在一起的。在分子免疫学中有一个重要的问题，即什么机制引起了染色体的重排，导致不同的可变元件分别与同一恒定元件重组。巴尔的摩和他的同事们设想将一个已经重排好的重链基因（含恒定元件 μ）导入小鼠的生殖细胞，看看这一入侵的"异国殖民者"会不会影响"土著基因"的活动方式，或者说研究一下内源重链基因的可变元件与恒定元

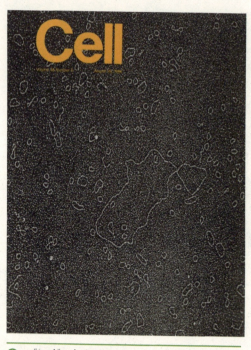

《细胞》杂志封面

件的重排会不会效法外来重链基因，也含有 μ 恒定区。

为了证实这一点，关键是要对转基因小鼠的抗体用放射测定的方法进行血清学鉴别。麻省理工学院的女科学家特里萨·嘉丽在分子免疫学方面是一位资质深厚而又值得信赖的专家，发表过许多高水平的论文，巴尔的摩与她携手合作是理所当然的；再加上哥伦比亚大学的研究人员，一支阵容强大的研究队伍在 1985 年开始工作了。特里萨·嘉丽在那年 5 月"进行"了最为关键的实验，实验的结果是"满意"的，小鼠的内源基因确实会仿效外源基因。

论文发表后一个月，巴尔的摩的一位女助手欧图丽读到小鼠实验的记录，她不禁产生疑问，记录和她的前任嘉丽发表的论文中的关键结论不符。欧图丽向学校当局提出了对嘉丽的指控。在欧图丽的请求下，学校成立了一个临时调查委员会开始调查。不久，麻省理工学院的教授赫曼·埃森会见了三位当事人，欧图丽、嘉丽和巴尔的摩，埃森的看法是，"记录有小小的错误，但没造假"。

欧图丽不服，她在老同事的帮助下，又请国家卫生研究院（NIH）的研究人员瓦尔特·斯图尔特和奈德·费特尔对那个记录本进行审查。1986 年 10 月，他们向 NIH 的官员递交了一份详细的报告，说《细胞》上的那篇论文确有作假之嫌。经过将近一年的审阅，到 1987 年 9 月，NIH 才准予公开发表。但当文章送到《细胞》、《自然》和《科学》等权威杂志的编辑部时，却被拒之门外。这些编辑先生认为，凡在《细胞》上发表的论文都经过严格的审阅，是不会出问题的。

那时，塔夫茨大学正要聘任嘉丽，由该校提供的报告也否定了欧图丽的指控，认为论文没有蓄意作假。

欧图丽身受压制和冷遇，但她和她的支持者并未停息斗争，这场官司终于从学术圈子闹到了社会上，惊动了美国国会。

1988年5月，由众议院议员约翰·丁吉勒领导的国会调查分组委员会召集了第一次听证会，集中听取塔夫茨大学和麻省理工学院对欧图丽指控的答复。这时巴尔的摩发布了一封"致同事"的公开信，声称国会的调查是完全不必要的。丁吉勒对此不予理会，用传票调来嘉丽的全部实验记录，并请联邦经济情报局从法学的角度进行剖析，调查进入了实质性的阶段。

在舆论压力下，嘉丽、巴尔的摩及其合作者先后两次于1988年

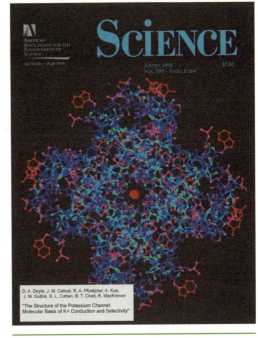

《科学》杂志封面

11月和1989年5月对论文发表更正，但又同时声明，修正没有改变原结论的可靠性和正确性。

1989年1月，NIH的首次调查告终，结论是论文确实有严重的描述错误和疏漏，但无伪造数据的实证。

1989年4月，NIH又在新设的机构——科学求实办公室重新调查。这次巴尔的摩在《科学与技术问题》杂志上发表文章，指名斯图尔特、费特尔和丁吉勒等工作人员毫无根据地干涉科学，并说："如果这次悲剧性的调查毫无结果，那就证明外行是不可能评价科学成果的"。

巴尔的摩毕竟是一位有巨大贡献的科学家，他有卓越的社会活动能力，又热心公益，只要骗局没有最后揭开，他仍然受到人们的尊敬。眼前的纠纷也没有妨碍纽约洛克菲勒大学对他的聘任。从1990年起，巴尔的摩荣任洛克菲勒大学的校长，恰成对照的是欧图丽却失去了工作。

1990年5月，丁吉勒召集第四次听证会，联邦经济情报局的调查人员提供了法学证据，揭露了一个令人震惊的事实：在嘉丽笔记本上记载的数据与实验日期不符，这些数据是伪造的，甚至在第二次更正中提供的数据也有问题。

1990年10月，《自然》杂志发表一篇文章，题为《科学与法学的交战》，其中详细披露了嘉丽造假的法学物证。嘉丽在对转基因小鼠的抗体进行血清等分析时应用了放射免疫学的方法，测定时要用γ射线计数器，该文所附的照片显示了由这台计数器记录的、按时间顺序排在一起的纸带。从照片中可以看出，纸带中段上的数字印迹清晰醒目，显然出自一个新的印带；而前后纸带上的数字却印迹模糊，仅依稀可辨，显然是由旧的打印带印出的。纸带中段是在嘉丽的记录本上找到的，而前后段是调查人员从使用同一台计数器的其他研究人员那里征集来的。这只是对嘉丽伪造数据进行法学剖析的一个实例，嘉丽因此无话可辩，在学术界名声扫地。

1991年3月，NIH的科学求实办公室公布了第二次调查报告草稿，推翻了第一次调查的结论，最后确定嘉丽存在弄虚作假的严重错误，指出她在调查过程中还继续谎报资料，捏造数据。

巴尔的摩在得知这一调查后，立即宣布撤回1986年4月发表在《细胞》杂志上的那篇论文，并在1991年5月的《自然》杂志上刊登了一篇检讨。文中表示欢迎科学求实办公室的调查报告，承认自己为嘉丽辩护的错误，并向欧图丽公开道歉，还含蓄地就两年前对丁吉勒领导的委员会的粗暴无礼表示歉意，并承认政府有权对公款支持的研究项目进行调查。至此，历时5年之久的"巴尔的摩事件"基本结束，但还有两个不解之谜。第一，嘉丽究竟有没有进行过那些实验；第二，巴尔的摩真的是到最后阶段，即在物证公布时，才认识到嘉丽的伪造吗？现在回答这些问题，已显得无关紧要了。

真正重要的是剖析产生这一悲剧的社会根源。我们认为，科学的目的本是揭示自然的奥秘，寻求客观规律。可是现代科学的发展已发生了一些令人难堪的异化：科学界的竞争日趋激烈，科学研究往往需要合作和大量经费，一个现代化的分子生物学实验室年耗资达数十万美元，为获取国家资助，又要求科学家每年拿出相当数量的科学成果，出成果的压力已达到危险的边缘；生物技术的

《自然》杂志封面

发展又为成果转化为个人财富提供了诱人的机会，一些追名逐利的科学家在压力和欲望的支配下，违反科学求实的神圣原则，用假数据或欺骗手段来获取科学荣誉的事便由此发生。像嘉丽那样的研究人员固然过去从事过诚实且卓有成效的研究，但照样会堕落。像巴尔的摩这样的少数科学顶尖人物，虽已集荣耀、权威和财富于一身，仍不免在激烈的竞争中卷入名利的漩涡，丧失对科学求实精神的尊重，陷入科学丑闻的泥潭。在巴尔的摩事件中，值得人们尊敬的是科学界的小人物，敢于揭发、敢于斗争的欧图丽。

▲ 纽约洛克菲勒大学校园

在中国，改革已将竞争机制引入科研经费的分配制度中，目前提供科研经费的三大渠道是自然科学基金、攻关计划和"863"高技术发展计划。提供资金的原则是对研究课题择优汰劣。没料到，这在某种程度上却成为夸大和虚报成果的动因，已经涉及研究人员弄虚作假的举报不止几例。对照上述国际丑闻，这些现象应引起我国科技界和科研管理部门足够的注意和高度的警觉。事实上利用公款支持科研而弄虚作假，骗取荣誉，不仅外国有，中国也有，应该适时予以揭露，给予处理，以培养和规范科学界严肃认真的科学态度和对人类负责的精神。

阅读提示

选自《科学家的失误》，徐飞主编，安徽教育出版社1997年版。

就像日常生活中商品有时会有假冒伪劣的一样，在科学研究中，有时为了各种目的，有些研究者也会弄虚作假，这样的结果，就是科学研究中的作伪。揭露科学界存在的各种作伪，对于净化科学、规范科学，有着重要的意义。本文所介绍的，就是一起非常著名而且典型的科学家作伪的事例。阅读此文，同学们可以思考，需要采取一些什么样的措施才有可能尽量避免这样的现象发生。

都是"古盗鸟"惹的祸

黄艾禾

10月5日的《南方周末》登载的《长"羽毛"的恐龙是鸟类的祖先——季强谈中华龙鸟之争,兼谈"辽宁古盗鸟"事件真相》激怒了中国科学院古脊椎动物与古人类研究所的研究员们。

10月8日,一个有关"辽宁古盗鸟"事件真相的新闻发布会在古脊椎动物与古人类研究所(以下简称古脊椎所)召开,使"古盗鸟"事件突然间又温度直升。

"古盗鸟"传奇

"古盗鸟"是一块古生物化石,它产自中国辽宁西部。是谁把它挖出来

▲ "古盗鸟"化石

▲ 孔子鸟化石

▲ 孔子鸟复原图

的，没有人说得出，但肯定是当地的一位农民。这块化石在出土的时候，一定是一堆的化石碎片，这些碎片后来被人粘在了一起，于是，它有了鸟的头，恐龙的尾巴。这块化石在神秘的地下渠道中悄悄流动，最后，出现在美国。

1999年2月初，犹他州布兰登恐龙博物馆馆长柯泽克斯和他的妻子在一个文物贩子手上看到了这块化石。当下关于"鸟类起源于恐龙"的理论正是如火如荼，这对夫妇马上拍下了8万美元，买下这宝贝化石。他们把它命名为"古盗鸟"。但是柯泽克斯夫妇并不是研究恐龙的专家。他们找到了他们的朋友，加拿大古生物学家菲里普·科瑞（Philip Currie）。这位科瑞先生可以称得上当今这一行当中研究恐龙的第一人。科瑞先生当然对此很感兴趣，但他

▲ 中华龙鸟化石

名气太大，也太忙了，竟然有好长时间奔波于世界各大洲参加各种活动，没有坐下来好好看看这块化石。

还有一个问题：这块化石是从中国走私出来的。按照国际学术界不成文的规矩，不允许以走私化石作为研究对象发表学术论文，除非你取得化石产出国的同意，或是与该国的同行合作来发表这篇论文，否则论文就是非法。这是为了打击走私。

于是，美国方面就开始与中国同行联系，询问是否可以合作研究。他们找过季强所在的地质博物馆和科学院的古脊椎所，最终与后者达成合作意向。古脊椎所提出的条件之一就是这块化石在研究完成之后必须归还中国。达成了这项协议，这就有了后来的徐星的美国之行，他是作为合作研究者去的。

徐星在1999年10月方抵达美国。这时他才第一次看到了"古盗鸟"化石。虽然时差还没有倒过来，他已看出这化石有问题：它不像是一只动物的骨骼，像是不同的动物拼起来的，"而且有的地方甚至正反面都拼倒过来了"。

但是，怀疑归怀疑，如果要拿出观点，你必须要有证据，这也是做科学

研究的一个基本原则。实际在此之前，美国人也不是没有人怀疑过，比如得克萨斯大学的蒂莫西·罗教授（Timothy Rowe）。这是一位搞CT扫描的专家，他在对"古盗鸟"化石的长达100多小时的扫描和拍照过程中，发现它身上有大量的裂缝，一共分成88个碎片。

他觉得："标本的身体和它的尾巴好像并非属于一个动物。"但出于对科瑞先生的权威的尊重，也许，也因为自己也已成为了论文的合作者之一，他终于没有向科瑞提出自己的质疑。

"古盗鸟"的研究论文实际在1999年的8月13日就寄出了。首先给英国的《自然》杂志。论文作者排序的第一人是柯泽克斯，接着是科瑞教授、罗教授，徐星作为合作方的代表排名第四。

徐星说，论文寄出之前，也确实发到他这里让他过目过，他也曾提了几条修改意见发回去，仅此而已。但是，从美国回来以后，他感到有必要把这块化石调查研究一下。这样，11月，他去了辽西的北票，拿着"古盗鸟"的照片问当地农民有没有见过这样的化石。

农民说，好吧，有消息我们会通知你。真该是徐星的好运气，就在他回北京不久，电话就来了，让他去看化石。徐星又赶到辽西，拿着"古盗鸟"的照片反复地核对，天啊，竟会有这样巧的事，这正是那块"古盗鸟"化石下半部的另一面！这里要解释一下：在许多情况下，一块化石在从横剖面分开后，是可以分成凹面和凸面（即阴模和阳模）的，徐星找到的，正是"古盗鸟"下半部即尾部的另一面。从这块化石上不但可以看出它的恐龙尾巴，而且有恐龙身体，一个驰龙的身体，而绝不是那个状似鸟类的身体。没有比这更确凿的证据了。

"我可以百分之百地确认，'古盗鸟'是一块赝品。"他在12月20日发给美国《国家地理杂志》的电子邮件中这样写道。

在此之前，美国《国家地理杂志》的编辑们已经陷入尴尬与慌乱之中：11月号的杂志已将"古盗鸟"作为封面专题隆重推出，但预期中的《自然》杂志并没有同时推出科瑞教授等人的论文，文章在8月20日就被打回来了，《自然》的编辑说得很客气：因为出版周期太紧（《国家地理杂志》是计划与

中华龙鸟复原图

《自然》同时登出相关文章的),时间来不及。

科瑞等人并不灰心,马上决定改投另一家著名的权威杂志,美国的《科学》杂志。但是,《科学》杂志在审读了文章以后,也拒发了。他们的结论不太客气:"若要说明'古盗鸟'的鸟类特征,还需要更多的证据。"

所以,12月份徐星发来的电子邮件,无疑是斩断了系着达摩克利斯剑的最后一根头发,那把剑冲着科瑞教授、罗教授和美国《国家地理杂志》的头上掉下来了。

2000年1月21日,美国国家地理协会的网站据此发布新闻,告诉公众,辽宁"古盗鸟"化石很可能是不同动物的化石凑成的,3月出版的《国家地理杂志》,发表了徐星的来信,表示正在继续研究和用新技术鉴定,研究完成马上发表。

▲ 中华龙鸟化石局部1

2000年4月7日,美国国家地理协会网站发布了研究的结果:辽宁"古盗鸟"化石是拼凑的。

阅读提示

选自《三联生活周刊》,2000年第1期。

科学研究,是需要严肃认真地进行的,而且,在研究中,要遵守许多科学界所要求的规范。但是,也有一些研究虽然打着科学研究的旗号,却在一些方面存在问题,违反了研究的规则,使得其结果成为不可靠或者不真实的。这篇由中国的记者写的文章,记述了几年前的一个案例,读来令人深思。想想看,为什么会出现文中谈到的问题呢?

识别伪科学

[美] 萨 根

伪科学与错误的科学是不同的。科学是在犯错误并一个一个地改正错误的过程中发展起来的。科学经常会做出错误的结论，但是这些结论都是非确定性的、实验性的结论。科学家们总是先设立假说，然后对这些假说进行证伪试验。假说是否成立完全取决于试验和观察的结果。科学在不断加深对事物真相的了解的征途上探索着，跟跟跄跄地蹒跚前行。当一种假说经试验证实为不可行的时候，假说的所有者的情感当然受到伤害，但是，正是这种反证被认为是科学事业的精髓所在。

而伪科学正好相反，其假说经过精心设计，使假说在能进行反证的试验面前无懈可击，甚至原则上也不能被认为是不成立的。伪科学的实践者总是处于防备和警惕的状态，他们反对任何怀疑者的检验。当伪科学的假说在科学家的检验面前失败时，他们就会设计出压制科学家意见的阴谋。

健康人开汽车的能力几乎可以说没有任何问题。除了孩提时期和老年时期以外，我们一般不会跌倒或摔跤。我们可以学会例如骑车、滑雪、跳绳和驾驶汽车等各种事情，而且可以终生保持这些能力。如果我们有十年不做这些事，一旦我们再做时仍然毫不费力。但是我们开车技能的精确性和依然如旧也许会使我们对自身其他方面的能力产生一种错误的感觉。我们的认知能力具有欺骗性。我们有时会看到事实上并不存在的东西。我们要经受视觉幻象的折磨。偶尔我们会产生幻觉。我们很容易犯错误。托马斯·吉洛维奇写的一本名为《感知我们所不知：日常生活中人类理性的易错性》的非常具有启发性的书里描述了人在认知数字方面所犯的系统性错误。拒绝接受自己不喜欢

美国天文学家萨根

△ 占星术使用的图表之一

科学是美丽的

的证据，易受别人观点的影响。我们精于某些事情，但不可能通晓所有的事情。智慧产生于我们对自身局限性的了解。"因为人易迷惑"，威廉·莎士比亚这样教导我们，这正是我们需要严谨的充满怀疑精神的科学的精确性的原因。

可能科学和伪科学之间的最大差别在于：与伪科学（或"永无错误的启示"）相比，科学在人类的不完美性和易犯错误的本性的认识上要深刻得多。如果我们坚决拒绝承认我们犯错误是必然的，那么，我们就会信心十足地等待错误——甚至是严重的错误，重大的过错——永远与我们形影相随的错误。但是，如果我们具有一点自我评价的勇气，无论错误会给我们造成多么令人遗憾的思考，我们取得胜利的机会必定会极大地增加。

如果我们向广大公众只讲解科学的发现和成果——无论这些成就具有多么大的使用价值，甚至非常鼓舞人心——而不向公众讲解严格的科学方法，普通人怎么能够分清什么是科学，什么是伪科学呢？然而，科学和伪科学都是以无证据的结论的方式表现在人们面前的。在中国和俄罗斯，科学曾有过很简单的表达方式——具有权威性的科学就是权威人士所讲的科学。什么是

▲ 百慕大群岛

科学,什么是伪科学只能靠你自己来判断。但是当政治发生变化,对自由思想的禁锢有所放松的时候,许多可靠的和有号召力的主张——特别是那些我们以前想知道,但是现在才了解的学说——赢得了普遍的拥护。但是,这时所有的观点都变成权威性的观点的可能性就不大可能出现了。对从事科学普及的人来说,最大的挑战是向公众讲清楚科学重大发现、误解和科学的实践者偶尔顽固地拒绝改变研究方向的真实的和曲折的发展历史。许多,可能是大多数科学教科书所描述的都是春风得意的科学家所走过的轻松的道路。用引人入胜的方式表述科学家在几个世纪中对自然所进行的耐心和共同的质问所积累起来的智慧,比详细教授杂乱无章的积累这种智慧的方法要容易得多。科学方法似乎毫无趣味、很难理解,但它比科学上的发现要重要得多。

　　科学的边缘——有时作为导致科学发现的预见性思想的延续——潜伏着一系列诱人的或至少是有些令人震惊的想法,但是这些思想还没有被专门给新思想挑毛病的检验者进行过有意识的检验,至少这种检验应该由思想的提出者来完成:一种观念认为地球的表面应是在一个球体的内表面而不是外表面;或宣称你可以通过冥想飘在空中;芭蕾舞演员与篮球运动员可以跳那么高就是由于这种漂浮；或说我有一种称为灵魂的东西，既不是物质也不是能量，而是一种没有任何实体痕迹的东西，当我死后却可以存在并能使一头牛或一只虫子复活。

典型的伪科学和迷信包括——这只是一些代表，而不是综合的罗列——占星术；百慕大三角；"大脚"野人和尼斯湖怪；鬼魂；"邪恶之眼"；据说每个人头上环绕着的多彩光晕（且颜色因人而异）；超感知觉，如心灵感应、先知、远距离传输和远距离"遥视"；相信数字"13"代表不幸（因为美国许多旅馆和严肃的办公楼的层数直接从 12 跳到 14——为什么

▲ 人们想象中的百慕大三角之怪

要冒背运的风险呢）；流血的雕像；相信兔子的断腿会带来好运；魔杖探矿；水妖；自向症的"无障碍通信"；相信把刮胡子刀片放在纸板做的金字塔中可以使其更锋利，以及其他"金字塔学"的信条；死人打来的电话（从未付过账）；诺查丹玛斯的预言；所谓发现未训练过的扁体动物可以通过吃磨成粉末的同类的尸体而学到知识；当月圆时犯罪率上升的观点；手相术；命理学；测谎器；靠彗星、茶叶、怪胎预言未来的事件加上古时流行的占卜；通过看动物内脏、火焰的形状、烟、影子、残渣等进行占卜预言；听肚子咕咕叫声（甚至在一个时期是靠查对数表）；过去事件的"照片"，如耶稣在十字架上被钉死的图像；一头俄国象可以流利地讲话；那些可以被胡乱地蒙住眼睛用手指读书的"超感知者"；爱德加·卡斯（他预言 20 世纪 60 年代早已"消失"的大西洲古陆将"浮现"出来）和其他预言家们，包括"睡着的"和"醒着

的"；减肥的骗术；把灵魂出壳（濒死）的经历当作外部世界真实的事件；信仰疗法的骗局；占卜板；天竺葵富有感情的活动被因大胆地使用"测谎器"而发现；记得什么分子溶解于其中的水；从面部特征和头盖骨上的隆起判断人的性格特点；"第100个猴子"的迷惑；声称我们中的一小部分人不论想要使什么变成真的就会是真的；人类自发燃烧直至烧焦；三环生命周期；承诺可以无限提供能量的永动机（但出于这个或那个原因，它们统统被怀疑论者的仔细检查所阻止而不能永动）；让·迪克森系统的荒谬的预言（他"预言"1953年苏联将入侵伊朗，1965年苏联将击败美国，第一个把人送上月球）和其他一些专业的"巫师"们；耶和华的目击者预言世界末日在1917年的到来，以及许多类似的预示；智力学和信仰疗法；卡洛斯·卡斯塔耐达和"巫术"；宣称发现"诺亚方舟"的遗迹；"阿米迪维尔的恐怖"和其他鬼怪缠身之类的事情；在我们这个时代的刚果雨林中雷龙现身的传说。

如同我试图强调的，科学的核心是平衡两种看起来互相矛盾的态度——对新想法的开放，不管它是多么古怪，多么与直觉相反，以及对所有想法，新的或旧的，进行最无情的怀疑性的调查。这是从极端的谬误中分离出深刻

▼ 据报道，人们最早是在 Klamath 河附近发现了大脚野人的踪迹。

真理的方法。创造性的思考和怀疑性的思考组合起来协同作用，使研究领域处于正轨，尽管这两种看似矛盾的态度处于某种紧张状态。

考虑一下这个命题：当我一直向前走的时候，时间——以我的手表或我的老化过程来衡量——减慢了；而且，在运动的方向上我缩小了；而且，我

▲ 人们想象中的北美大脚野人

变得更重了。谁见过这种情况？你很容易立刻对其不屑一顾。另一个命题：在整个宇宙，所有时间内，物质和反物质产生于无。第三个：在一个极为特殊的时刻，你的车会自动穿过你车库的砖墙，第二天早上你会发现它在大街上。它们都是荒谬的！但是第一条是狭义相对论的命题，另外两条则是量子力学的推论（它们叫做真空脉动和势垒隧道效应）。不论你是否喜欢，这就是世界的本来面目。如果你坚持它是荒谬的，你将永远被关闭于某些对于主宰宇宙的规律的重大发现之外。

如果你只是怀疑，那么任何新的想法都无法使你接受，你将永远什么也学不到。你会变成一个古怪的厌世者，认为荒唐统治着世界。（当然，会有很多资料支持你的看法。）因为在科学边缘的重要发现非常之少，经验倾向于证实你的牢骚。但是不时会有新想法被证明是切中要害的、有效的和精彩的。如果你过于坚定，不妥协地怀疑，你就会错过（或不满）正在转变中的科学发现，两种情况下你都在阻碍理解和进步。仅仅有怀疑主义是不够的。

同时，科学要求最强有力和最不妥协的怀疑主义，因为大多数的想法完全是错的，唯一把麦子从谷壳中筛出来的方法是批判性的实验和分析。如果你头脑开放到了盲信的程度而没有一点怀疑的想法，那么你就不能区分有前途的想法和毫无价值的想法。不加批判地接受别人提出的每一个概念、想法和假设就等于一无所知。许多想法是彼此冲突的；只有通过怀疑性的调查才能辨别，某些想法确实好于别的想法。

这两种思维方式的明智混合是科学成功的关键。好的科学家两种思维方

式都具备。在独处中,在自言自语中,他们产生了许多新想法并系统地加以批判。其中大多数想法永远不会向外面的世界公布。只有那些通过了严格的自我过滤的想法才被公开出来接受科学界其他人士的评判。

由于将这种固执的批评和自我批评,以及适当地依靠实验,作为各种假设之间争论的仲裁人,许多科学家在大胆的设想即将来临时仍然缺乏自信,不愿讲述对奇迹的亲身感受。这很遗憾,因为恰恰是这个少有的狂喜时刻使得科学工作揭开了神秘的面纱而显得更人性。

没有人可以完全头脑开放或怀疑一切,我们都必须在某处确立一条界限。一条中国古代谚语建议,"宁可信其有,不可信其无",但是这来自一个极度保守的社会,在那里稳定比自由更受重视,而且统治者拥有巨大的既得利益又不想受到挑战。我相信,大多数科学家会说,"宁可信其无,不可信其有"。但是做到哪一点都不容易。负责的、全面的、严格的怀疑主义要求一种需通过实践和训练才能掌握的坚固的思维习惯。轻信——我想这里用"开放"或好奇一词更好——同样不容易做到。如果我们真的对物理学的、社会的或任何别的什么组织的反直觉的想法开放我们的头脑,我们就必须领会那些想

▼ 所谓的尼斯湖怪照片

▽ 金字塔

法。接受我们不理解的主张毫无意义。

  怀疑主义和好奇都需要磨炼和实践的技巧。在学生们的头脑中使它们和谐联姻应该作为公共教育的基本目标。我将很乐意在媒体，特别是在电视上看到这样一种家庭式的幸福：人们真的在创造融合——充满好奇，宽容地对待每一个见解，除非有好的理由，否则不拒绝任何想法。而同时，作为第二个特性，要求证据符合严格的标准——而且这些标准在应用于他们珍视的观点时的严格程度至少应与评判他们企图不受惩罚地拒绝观点时的程度相当。

阅读提示

  选自《魔鬼出没的世界》，李大光译，吉林人民出版社1998年版。

  萨根是美国著名天文学家，也是著名科普作家。他写过许多影响巨大的科普作品。在本文中，萨根对一些典型的伪科学，也即打着科学的旗号却并非真正科学的东西，进行了分析，指出了伪科学的若干特征。了解伪科学的特点，对于我们提高识别真假科学的能力是有益的。从这篇文章所谈的特点，你能找出身边存在，或者听到过的其他一些伪科学的例子吗？

永动机能造成吗？

[苏] 别莱德曼

关于"永动机"和"永恒运动"，无论是它们的直接的意义或者引申的意义，大家已经谈得很久了，但是，并不见得每一个人能够真正认识这些话所含的意义。永动机是想象中的一种机械，它能够不停地自由运动，而且，还能够做某种有用的功（例如举起重物等）。这样的机械虽然早就有许多人不断地想制造，却到现在还没有人能够制造成功。许多人的尝试都失败了，这使人们肯定地相信永动机是不可制造的，并且从这一点确立了能量守恒定律——这是现代科学上的基本定律。至于所谓"永恒运动"，说的是一种不做什么功的不停运动的现象。

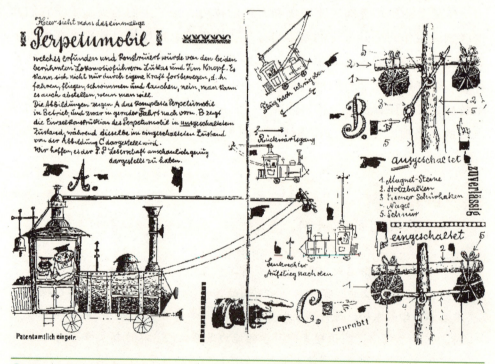

▲ 早期的永动机设计图纸

中世纪时代设想的永动轮

▲ 1815制造的自动时钟模型，它是当时典型的永动机模型。

图中画的就是一种设想的自动机械——这是永动机的最古设计的一种，这个设计到现在还有永动机的幻想者在复制出来。在一只轮子的边缘上，装着活动的短杆，短杆的一端装着一个重物。无论轮子的位置怎样，轮子右面的各个重物一定比左面的重物离轮心远，因此，这一边（右边）的重物总要向下压，就使轮子转动。这样，这只轮子就应该永远转动下去，至少要转到轮轴磨坏才停止。发明家原来是这样想的。但是，真正制造出来以后，它却并不会转动。发明家的设计在事实上行不通，这又是为什么呢？

原因是这样的：虽然轮子右面的各个重物离轮心总比较远，但是这些重物的个数总比左边的少。右边一共只有 4 个重物，但左边却有 8 个之多。结果轮子就保持平衡状态，于是轮子自然也就不会转动，只在摇摆几下之后，停到像图上所画的位置上。（这儿要应用到所谓"力矩定律"。）

现在已经肯定地证明，能够永远自动运动（特别是在运动的时候还要做出功来）的机械，是不可能制造出来的，因此，如果有谁正在向这方面努力，那会是一种毫无希望的劳动。在从前，特别是中世纪，人们为了研究和解决这个"永动机"（拉丁名字叫 *perpetuum mobile*）的构造问题，白白花了不知道多少时间和劳力。在那个时候，发明永动机甚至比用贱金属炼黄金更加叫人入迷。

普希金的作品《骑士时代的几个场面》里,就曾经描写过一位名叫别尔托尔德的这类幻想家:

"什么叫做 perpetuum mobile?" 马尔丁问。

"perpetuum mobile," 别尔托尔德回答他说, "就是永恒的运动。只要我能够想法得到永恒的运动,那么我就将设法望到人类创造的边缘……你可知道,我亲爱的马尔丁!炼制黄金自然是一件动人的工作,这方面的发现可能也是有趣而且有利的,但是,如果得到了 perpetuum mobile……啊……"

人们曾经想出几百种"永动机",但是这些永动机没有一架曾经转动过。每一个发明家,就像我们所举的例子里那样,在设计的时候总有某一方面给忽略了,这就破坏了整个设计。

这儿是另外一种想象的永动机:一只圆轮,里面装着可以自由滚动的沉重的钢球。这位发明家的想法是,轮子一边的钢球,总比另外一边的离轮心远,因此,在它们重力作用之下,一定要使轮子旋转不息。

装有自由滚动的钢球的永动机

菲舍尔作品中的永动机模型

他的想法当然是不会实现的,原因跟前面图中所画的那个轮子一样。虽然这样,但是在广告狂的美国,却有一家咖啡店为了吸引顾客,特地设置了一只很大的这样的轮子,当然,看起来虽然

▲ 伽利略通过斜面和摆的研究，意识到物体下落过程中所获得的速度能够使它重新跳回原来的高度，但不会更高。

像真的是由于沉重钢球的滚动在旋转，但它实际上只是由一架隐蔽着的电动机来带动的。

这一类幻想的永动机的模型还有许多，有一个时期曾经被装在钟表店里的橱窗里，用来吸引顾客注意：这些模型都是暗地里受到电力的作用才旋转的。

有一架广告用的"永动机"给我添了许多麻烦。我的工人学生们看到了这个东西之后，对于我苦口婆心说明的永动机不可能制造的一切证明都怀疑起来。那架"永动机"上的球儿，滚来滚去的，果然在转动着那只轮子，而且还被这只轮子举高起来，这比各种证明更有说服力；他们不肯相信这架"永动机"只是受到发电厂送来的电流作用才转动的。幸好那时候电厂在例假日都停止送电，这才使我有机会解决这个问题。我告诉学生在例假日再去看看，他们照样做了。

"怎么样，看到那'永动机'了吗？"我问。

"没有，"看那些学生红着脸回答说，"我们看不见它：它给报纸遮住了……"

能量守恒定律终于又得到了那些学生的信任,而且再也不会失去这个信任了。

许多自学的发明家也曾经努力寻求解决"永动机"这个谜一样的问题,花了不少的心血。有一位西伯利亚人,名叫谢格洛夫的,后来被谢得林用"小市民普列森托夫"的名字描写在《现代牧歌》那篇小说里。谢得林把他访问这位发明家的情形写成这样:

小市民普列森托夫年纪大约35岁,身材瘦削,面色苍白,有一对深思的大眼睛,长发直披到后颈。他的草舍相当大,但是足足有半间给一个巨大的飞轮占据了,使得我们这些人只能够局促地挤在那里。这个大轮子不是实心的,中间有许多轮辐。轮缘用薄木板钉成,内部是空心的,跟一只箱子一样,这中空的轮缘有相当大的容积。在这中空部分,装置着全部机械,就是发明家的全部秘密。当然,这个秘密并不特别精明,它只像一些装满沙土的袋,用来维持平衡。有一根木棒沿着一条轮辐穿过,使轮子静止不动。

"我们听说您把永恒运动的定律应用到实际上了是不是?"我开始说。

"不知道怎么说好,"他涨红着脸回答,"好像是的……"

"可以参观一下吗?"

"欢迎得很!真荣幸……"

他把我们引到那轮子旁边,然后带我们绕轮子四周走了一圈。我们发现,这个轮子前后都是一样的。

"会转吗?"

"好像,应该是会转的。就是要发脾气……"

"可以把那根木棒拿下来吗?"

普列森托夫拿下了那根木棒,可是轮子并没有动起来。

"还在发脾气!"他重复说,"要推它一下才成。"

▲ 惠更斯。1669年,惠更斯通过完全弹性碰撞的研究,认识到各个物体的质量与速度平方的乘积的总和,在碰撞前后保持不变。

他用两只手抱住轮缘，几次把它上下摇动，最后，尽力摇了一下，放开了手，轮子转起来了。最初几圈转得果然相当快而且很匀，只听到轮缘里面的沙袋落到横档上或者从横档上抛开去的声音；以后这轮子就转得慢下来了；木轴上也吱咯吱咯地响起来，最后，轮子完全停了下来。

"一定又在发脾气了！"发明家涨红着脸解释道，于是又跑去摇动那只大轮子。

但是这一次还是跟方才那一次的情形一样。

"会不会是忘记把摩擦作用计算在内了？"

"摩擦作用计算在内的……摩擦算什么？这不是摩擦的问题，而是……有时候这轮子仿佛高兴起来，可是后来又忽然……发脾气，倔强起来——这就又完了。假如这只轮子是用真正的材料做的那就好了，可是，你看，只是些东拼西凑来的板。"

▲ 焦耳。焦耳通过热功当量的测定确定了能量守恒定律。

当然，这儿问题并不在"发脾气"，也并不在没有使用"真正的材料"，而是在于这架机械的基本思想是不正确的。轮子虽然旋转了几圈，但是这只是因为发明家推动才转的，等到外加的能量给摩擦消耗完了，就不可避免地要停止下来。

对于永恒运动，如果只从外表上观察，很容易产生极大的错误认识。这一点，可以用所谓"蓄能器"来做一个最好的说明。1920年，有一位发明家创造了新型风力发电站，装着一种便宜的"惯性"蓄能器，这种惯性蓄能器有跟飞轮相像的构造。这是一块大圆盘，能够在滚珠轴承上绕着竖轴旋转，圆盘装在一只壳子里面，壳子里抽去了空气。只要你想法使它每分钟转到 20 000 圈的高速度，这个圆盘就会在连续 15 昼夜里不停地转着！如果粗心的观察者只看到圆盘的竖轴没有外加能量也会不停地旋转，那么他真会认为永

▲ 水力的利用，实际上是一个能量形式的转换过程。

恒运动已经实现了。

　　许多人迷恋在"永动机"的创造里面，得到了非常悲惨的结局。我知道有一位工人，为了试制一架"永动机"的模型，用完了他的收入和全部积蓄，最后变成了一贫如洗。他成了那不可实现的幻想的牺牲者。但是他虽然衣衫褴褛，整天饿着肚子，却仍旧向人家要求帮助他去制造已经是"一定会动"的"最后模型"。说起来是很沉痛的，这个人之所以失掉了一切，完全是因为对于物理学基本知识知道得还不够。

　　有趣的是，找寻"永动机"固然是永远没有结果的，反过来，对于这个不可能的事情的深入了解，却时常会引出许多很好的发现。

　　16 世纪末、17 世纪初，荷兰著名学者斯台文发现了斜面上力量平衡的定律，他发现这个定律的方法，正可以作为上面一段话的最好说明。这位数学家应该享受比他享受到的更大的名声，因为他有许多重大的贡献是我们现在还继续利用的：他发明了小数，在代数学里最早应用了指数，发现了流体静力学定律，这定律后来又被帕斯卡重新发现。

　　他发现这个斜面上力的平衡定律，并没有用到力的平行四边形法则，就只是靠这儿复制出来的那幅图。在一个三棱体上架着一串球,球一共14个,都是一样大小的。这一串球会怎么样呢?那下面挂下来的部分,不成问题,是会自己平衡的,但是还有上面的两部分,会不会平衡呢?换句话说,右边的2个球跟左边的4个球会不会平衡?当然会的,如果说不会,那么这串球就会自动不停地从右向左移动,因为一个球滑下以后就有另一个球来补充,平衡也就永远不可能得到了。但是,我们既然知道这样架着的一串球完全不会自己移动,那么,右边的2个球就自然跟左边的4个球平衡。你看,初看这好像是一件怪事:2个球的拉力竟跟4个球的相等。

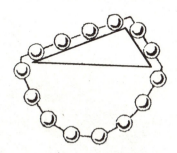

从这个看似奇怪的现象,斯台文发现了力学上一个重要的定律。他是这样来思考的:这一串球的两段——一段长一段短——重力不相等;长的一段跟短的一段重力的比值,恰好是斜面长的一边跟短的一边长度的比值。从这

🔺 太阳能电池板。在太阳能转化为电能的过程中遵守能量守恒定律。

▲ 人们每天都要消耗大量的电能，实际上是将电能转化成了热能、光能、机械能等。

里得出一个结论，就是用绳连在一起的两个重物搁在两个斜面上，只要两个重物的重力跟这两个斜面的长度成正比，它们就可以保持平衡。

有时候两个斜面里短的一个恰好是竖直的，于是我们就得到力学上的一个有名定律：要维持斜面上的一个物体不动，一定要在竖直面的方向上加一个力，这个力跟物体重力的比等于这个斜面的高度跟它的长度的比。

这样，从"永动机"不可能存在这一个思想出发，竟完成了力学上的一件重要发现。

 阅读提示

选自《趣味物理学》，符其洵、滕砥平译，湖南教育出版社1999年版。

制造永动机，许多年来一直是一些人的梦想，但现在科学界却因为它与热力学定律的矛盾而不再将其作为真正的科学研究课题。不过，由于对科学的不了解，在学术界之外，仍有些人还是痴迷于永动机的制造。苏联科普作家别莱德曼在这篇文章中，从历史发展到科学原理，介绍了永动机的不可能实现的理由。读者可以思考，从经验科学的基础来考虑，从逻辑上讲，永动机是否绝对不可能，为什么现在科学界拒绝永动机的研究。